好的婚姻
从来不是
忍出来的

张 荆 著

A good marriage is

to protect yourself

with the law

河北科学技术出版社
· 石家庄 ·

图书在版编目（CIP）数据

好的婚姻从来不是忍出来的 / 张荆著 . -- 石家庄：
河北科学技术出版社，2022.9
ISBN 978-7-5717-1216-7

Ⅰ . ①好… Ⅱ . ①张… Ⅲ . ①婚姻法 - 基本知识 - 中
国 Ⅳ . ① D923.904

中国版本图书馆 CIP 数据核字 (2022) 第 144455 号

好的婚姻从来不是忍出来的

HAO DE HUNYIN CONGLAI BUSHI REN CHULAI DE

张　荆　著

出版发行　河北科学技术出版社
地　　址　石家庄市友谊北大街 330 号（邮编：050061）
印　　刷　三河市兴达印务有限公司
经　　销　全国新华书店
开　　本　710mm×1000mm　　1/16
印　　张　19
字　　数　250 千字
版　　次　2022 年 9 月第 1 版
印　　次　2022 年 9 月第 1 次印刷
定　　价　68.00 元

好的婚姻，需要守住人性最低处

婚姻律师大概是见过成年人眼泪最多的职业之一了。

有一个客户在我陪伴他经历了三个多月的纠结、痛苦、折磨后，终于在一个下午和他的前妻办理了离婚手续。办完后，他来到我办公室，用尽剩下的一点力气，颓丧地说道："结束了，一切都结束了。"我从椅子上站起来，一句话也没说，把肩膀借给了他。生活中，他是一个阳光积极的著名主持人，此刻却脆弱得像个孩子。他趴在我的肩上号啕大哭，全身颤抖。那是压抑了许久的情绪释放吧。

还有一次，一个在微博上关注我很久的女性来到我办公室，以第三人名义咨询了一些婚恋性侵的问题。我知道是她，她也知道我知道是她。我们都没有说破。我想，她还需要一些勇气吧。在我们要结束谈话时，她问我："如果这个女孩是你的妹妹，你会不会看不起她？你会给她什么样的建议？"我回答："我会为她的勇敢骄傲，被伤害不是她的错。没有证据不等于没有发生过。我也会鼓励她，要努力放下过去，开始自己的新生活。"她突然崩溃大哭，喃喃着说，谢谢你，张律师，谢谢你理解我。我没有说话，只是轻轻拍了拍她的背。谁能想到她在别人的面前，常常是知心姐姐，为别人出谋划策，指点人生。

　　做婚姻律师这些年，我见过很多高级的感情，哪怕在分手的最后一刻，彼此也都克制减少对对方的伤害。

　　有一对从美国回来的夫妻。女方是 IT 行业某跨国公司的高管，男方是创业失败的私企业主。在国外时，他们的人际关系简单，夫妻矛盾相对没有那么突出。最近两年，妻子被调回国内，男方也想回国创业。于是他们卖掉美国的房子，在上海开始打拼。创业并不顺利，男方情绪日渐暴躁，女方工作压力加大，偶尔口不择言，加上从国外简单的人际关系回到熟人圈的生活后，双方都有点不适应。男方自尊心极强，渐渐患上抑郁症，整夜整夜睡不着觉。他觉得和女方生活在一起压力太大了，并且他也想把上海的房产再卖掉一套投到公司里做最后一搏。女方不同意卖房，也说服不了男方。由此，男方决心要离婚。

　　在法庭上，男方除了坚决表示要离婚外，其他不愿意多说一句。女方试图想挽回男方，一直在表达自己的过错，对男方关心不够，有时说话不注意等，但核心的意思是，自己不同意离婚。法官问男方，到底是因为什么必须要离婚？男方十分痛苦地说，感觉到很压抑，睡不着觉，双方事业方向也不一致。能看得出来，男方在努力隐忍着不想说女方在婚姻中的过错。女方继续表达愿意理解男方，愿意配合男方的事业，只是不同意再继续卖房投资了。在法官第二次追问时，男方失声哭了出来，但依然没有说女方的什么过错，只是喃喃着说，我想离婚是想了好久的，我会一直坚持下去的。女方在进入法庭前，是下定决心不同意离婚的，她相信男方会好起来。但在男方失声痛哭时，女方红了眼圈，说，我会配合的。

　　出了法庭，女方叫了一声"老公"，她哽咽着说不下去了。男方欲言又止地再次流下眼泪。他们一前一后走出了法庭。很久以后，女方因为别的事再次联系我，顺便提到他们的事。离婚后，他们依然默契地照顾着女儿，孩子平时跟妈妈，周末爸爸接过去。有时他们一家三口也会出去聚个餐。他们像朋友一样相处着，也像家人一样互相关心着，但他们不再是夫妻。听说，男方在离婚后，抑郁好了很多，能睡着觉了。

看过这些婚姻方才懂得，对有些曾经是夫妻的人来说，爱情没有了，但亲情还在。他们对对方的尊重和对自己情绪的克制，令人感动。

美国电影《婚姻故事》里有句台词说："刑事律师能见证坏人的善，而婚姻律师却常常见证善人的恶。"一对曾经爱到生命深处的夫妻，在法庭上因彼此心生怨恨，会去攻击对方最脆弱的地方。攻击之后，伤的却是自己。

L先生看上去文质彬彬，每次见面都能感觉到他的绅士和礼貌。他因妻子有外遇挽回无果遂提出离婚。在法庭上，法官追问双方感情破裂的原因时，他始终不愿说出真正的原因。开始时，女方为了获得最大利益，反复强调家庭的财产全部都是由她一人创造，说男方的母亲和妹妹都白吃白住，占尽他们家的便宜。男方始终尽力克制。但在数轮开庭过后，面对女方的咄咄逼人，男方终于在法庭上忍不住追问女方："陪你去妇产医院的那个人是谁？你过生日送你999朵玫瑰的又是谁？没有我当初在北京的打拼，哪有你后来来北京的机会？没有我父母和妹妹对我们生意的支持，哪有我们事业的今天？你不要忘记了你一个初中没毕业的农村人，是如何走到今天的！"说完这些话，他充满愧疚地对着我们连说几句对不起。我想他应该是从来没有这样对待过眼前的这个女人。经历了五次开庭，本着以解决问题为目的，好和好散结束婚姻的想法，前四次他都克制住了，但在最后这一刻他没有忍住。

也许在每一桩破碎的婚姻里，都有自己的付出不被看到的失落。当然也有对另一方无限夸大自己付出的愤怒。在针锋相对的场合，一个温文尔雅的人也会变得失控，也会不小心释放出人性中恶的一面。但这样处理问题不是自己的本意，他们并不喜欢那个坐在法庭上和对方互撕的自己。

因着职业的缘故，我常陪伴客户度过他们人生的艰难时刻，洞悉他们内心最深处的软弱，也因此能有幸以悲悯之心偶遇他们人性的脆弱和光芒，与他人在生命的底层相遇。也许在某一个阶段，我们处理婚姻问题的态度潜移默化地影响了客户看待世界的眼光，能让他们带着谅解和宽容告别过去，开启新的人生。

在这本书中，我将执业十五年以来的经验用故事的形式分享给大家。希望在给到大家知识的同时，也将处理婚姻纠纷的智慧与力量传递给更多人。

为客户提供法律服务，只是婚姻律师最基本的作用。于我们这仅仅是一项工作，而对于当事人来说，也许是他们人生的一部分。感谢他们的信任和托付，让我有机会用生命去影响生命，我想这是婚姻律师最大的价值，也是我喜欢做婚姻律师最重要的原因。

张荆

2022 年于北京

目 录

Chapter 01 婚前多思虑，婚姻生活少踩坑

买房和装修

彩礼和嫁妆

Chapter 02　婚后懂博弈，亲密关系更平衡

你的婚姻关系有效吗？

Chapter 03 　**婚姻破裂时，交割清晰守护你**

婚前多思虑，
婚姻生活少踩坑

Chapter 01

♡

　　在熟人社会里，通常是由媒人或大家熟悉的长辈帮忙介绍对象。至少在介绍前，介绍人对男女两方的家长、家风都是略有了解，觉得相互匹配才有可能走到一起。但在今天快速发展的互联网时代，大部分的人已经离开了原住所地，在一个个新兴的水泥森林里生活，人与人之间的交集并不多。

　　社会交互的方式发生变化，必然会影响到婚恋交往的方式。于是横跨南北几千公里的男女有可能通过互联网成为有缘人并牵手婚姻。而一旦建立婚姻关系，彼此间就拥有法律意义上的身份关联，对双方影响至深。

　　为减少未来婚姻中的风险，有必要在婚前就一些重要的问题进行谨慎考虑。

婚前尽调

　　有些婚姻是不幸的，但其不幸是有原因的。懂法律虽然不一定能帮你找个好对象，但一定程度上可以让你拒绝一个不好的对象。在此，提醒大家：婚前调查确有必要。

　　婚前调查主要是指通过自己、亲属或委托律师对结婚对象进行全面调查的一种方式。需要指出的是，所有调查必须基于合法的基础进行，一切非法的调查都可能引起不必要的麻烦。

征信：
婚前查征信，远离"失信人"

随着社会体系的日臻完善，在大数据背景下的个人征信成为一个人信用的代表，征信状况的优劣与日后婚姻生活紧密相关。

征信一词源于《左传》，即"君子之言，信而有征"。征信报告，就是指专业化的第三方机构为自然人个体、企业法人，以及其他组织机构建立信用档案，并依法客观地采集、整理、记录其信用信息，然后向银行等授信机构提供信用评估、信用报告，帮助授信机构判断业务信用风险。

征信报告的作用在于记录个人、法人在过去一段时间内的信用情况，这些信用记录将会影响到相关者当下的经济活动。

目前来说，信用报告主要应用于银行这些金融机构。在办理银行贷款、办理信用卡等银行业务时，往往需要查询客户的信用情况。各家银行将自己掌握的信用信息交由中国人民银行征信中心进行汇总，然后由征信中心整理成信用档案，再交给包括银行在内的机构使用。这个过程就是征信。征信活动有助于提高效率，且有效控制信用风险。

在我们国家，征信报告的提供者是中国人民银行的征信中心。

个人信用报告中的信息主要有六个方面：公安部身份信息核查结果、个人基本信息、银行信贷交易信息、非银行信用信息、本人声明及异议标注和查询历史信息。因此，查询自己的征信报告也是一个不容忽视的问题。

但如何去查呢？如果双方感情很好，贸然要求对方出示征信报告，影响双方感情怎么办？有没有办法在不惊动对方的情况下，就能了解到对方的征信信息呢？

吴瑶和刘旭东是在网上认识的。双方相处一年多，各方面感觉都还可以，准备谈婚论嫁。吴瑶婚前有一套房，虽然还有一点贷款未还完，但压力不算大。他们把吴瑶的房子作为婚房。所以，在婚前两人没有涉及买房的问题。婚后吴瑶渐渐发现刘旭东经常换单位，每个单位都待不了半年，就会辞职。这期间他的收入也不稳定，时有时无。但对家里的花销，刘旭东在该承担时从不落下，吴瑶就没有多想。

最近房价行情比较稳定，吴瑶想着把自己的房子置换成学区房，将来孩子上学时用得上。房子很快卖掉，置换新房时，中介建议说，可以用刘旭东的名义贷款，他是首套房，首付低，利率也低。这样一折算，他们手里的钱就还能换个再稍大点的房子。经过一番比较，吴瑶和刘旭东都看上了一套小三居。合同签订后，需要去申请贷款了，按照中介要求，刘旭东去打印自己的征信证明。不看不知道，看了后，吴瑶的血直冲脑门。刘旭东的名下有三十多张信用卡，逾期信用卡有九张，其中有一部分是从婚前的贷款一直滚动到现在。

难怪他频繁换工作，花钱却不小气，原来花的并不是自己的钱，一直是靠30多张信用卡来回倒着维持。算了算，他各张信用卡累计下来的债都有60多万元了。

吴瑶只恨自己当初结婚时太大意，现在骑虎难下。为防止日后自己被银行起诉，吴瑶痛定思痛，和刘旭东协议办了离婚手续。虽然离婚后，他们还住在一起，约定还完信用卡后就复婚。但对于一个工资不超1万元的工薪阶层来说，他居然欠下60多万元的债，她觉得自己其实并不了解他，更谈不上依靠他了。

♥ ♥ ♥ ♥ ♥ ♥ ♥ ♥ ♥ ♥ ♥ ♥ **案例分析** ♥ ♥ ♥ ♥ ♥ ♥ ♥ ♥ ♥ ♥ ♥ ♥

个人征信报告里记录了个人的信用信息，主要包括个人基本信息、信贷信息，比如是否有银行贷款，是否有逾期、信用卡透支记录等。这些信息将影响到个人在金融机构的借贷行为。再比如，办理个人房贷时，银行都需要看征信报告，如果信用状况好，可能得到优惠，而有过逾期记录的，可能就要提价，甚至无法获得贷款。

可以说，个人征信报告是个人的经济身份证，将陪伴我们终身。对于不良征信，即个人征信系统中存在不良信用记录，包括违约记录（逾期记录）、欠税记录、法院和行政处罚记录等，根据征信中心规定，个人不良征信会在5年后自动消除，前提是5年之内已将不良记录中的全部逾期还清，且没有其他逾期行为。

婚姻关系是一个经济共同体。结婚后双方的经济会彼此影响。正如案例中刘旭东一样，他所欠的债虽然有一部分是婚前债务，但他用三十多张信用卡来回滚动偿还，婚前婚后已经分不清了。如果此时银行起诉刘旭东偿还债务，吴瑶的财产必然受到影响。同时，在刘旭东的个人征信未完全恢复前，向银行申请的任何贷款都不可能通过。除了这些影响以外，这种远超过本人赚钱能力的举债行为更令人害怕。在婚姻中多数人其实并不害怕与伴侣过苦日子，但会害怕过完全失控的日子。所以，婚前用适当方式查询对方个人征信是婚前尽调内容之一。

婚姻律师小课堂

个人征信信息查询途径

1. 中国人民银行征信中心官网查询

最直接的查询方式是登录中国人民银行征信中心官方网站，进入"个人信用信息服务平台"，验证身份后查询，不需要准备额外材料。

2. 中国人民银行柜台现场查询

这种查询方式是最简单且最快捷的。只需要带着自己的身份证原件及复印件去柜台预约查询即可。这种查询办法是能够获得更为详细的征信信息，所以如果有需要，有充足的时间，最好还是去银行柜台查询，这样我们也可以得到最为权威的个人征信报告。

3. 通过商业银行网银查询

除了中国人民银行这样的国家机关，普通的商业银行，即可以办理个人和对公业务的银行，比如中国工商银行、中国农业银行、中国建设银行等，这些银行的网银系统，也可以查询到个人征信报告。

在个人征信的内容中会反映出个人过往的许多信息，除了银行贷款额度以外，还可以顺便了解其他内容。所以对即将步入婚姻的新人来说，征信信息查询十分有必要。

官司：

无债一身轻，官司缠身非良人

一般说来，上法院打官司是一件很严肃的事。如果是被人告了，不管是什么原因发生的诉讼，都会认为碰上了闹心事；如果不光是被人频繁告到法院，自己还经常起诉别人，可谓"官司缠身"，说明这个人的人际关系就存在一定问题。

法院下达的判决书具有强制执行力。从经济方面来说，万一结婚对象被法院判决要承担一个数额不低的经济赔偿责任，意味着婚后自己也可能牵连其中。假如结婚对象被法院判决要承担履行经济支付的义务，但因一时经济紧张没钱履行判决，有可能会被法院列进失信人名单里。

跟这样的人组建家庭可能面临什么风险？如果直接问有可能因为不信任而导致和对方的关系疏远，有什么方法可以了解到对方打官司的信息呢？

❤❤❤❤❤❤❤❤❤❤❤❤❤❤ **典型案例** ❤❤❤❤❤❤❤❤❤❤❤❤❤❤

林琳和马东结婚的第一年，马东就经常背着林琳接电话。起初林琳不在意，次数多了，林琳就疑心马东是不是有外遇了。有一次马东去洗澡，电话又响了，林琳就顺手接了起来，是一个固定电话打来的，对方说自己是法院的，让马东下周去一趟法院做谈话笔录。

林琳质问马东，才了解到，原来马东在结婚前，住在农村的房子时，跟邻居家因为排水的问题发生过冲突。当时两家吵得很厉害，最严重的一次是双方都动了手，结果两家都被拘留了五天。于是马东开始起诉邻居，邻居家也不示弱，要求他赔偿自己家被马东砸坏的东西并申请强制执行。这次执行庭明确通知马东，如果再拒不履行，就要采取强制措施了。

后来林琳了解到，马东其实不只是和邻居家有官司，和原来工作过的单位也有劳动仲裁，和自己家的亲戚因为家族财产分配也有官司，和朋友也有借款官司。算起来，马东在法院有十几个诉讼。

因为马东不履行法院判决，已被法院列入失信人名单，同时被限制高消费。被限制高消费是无法购买动车票、飞机票等高消费票证的，当然也住不了酒店，他为此已经很长时间没有出去旅游了。

案例分析

官司缠身的潜在风险

对于失信人员，会被严格执行"三限"措施，即限制高消费、限制出境以及在招标投标、行政审批、融资信贷等方面的联合限制。

1. 限制消费

被执行人为自然人的，被采取限制消费措施后，不得有以下高消费及非生活和工作必需的消费行为：

① 乘坐交通工具时，选择飞机、列车软卧、轮船二等以上舱位；

② 在星级以上宾馆、酒店、夜总会、高尔夫球场等场所进行高消费；

③ 购买不动产或者新建、扩建、高档装修房屋；

④ 租赁高档写字楼、宾馆、公寓等场所办公；

⑤ 购买非经营必需车辆；

⑥ 旅游、度假；

⑦ 子女就读高收费私立学校；

⑧ 支付高额保费购买保险理财产品；

⑨ 乘坐 G 字头动车组列车全部座位、其他动车组列车一等以上座位等其他非生活和工作必需的消费行为。

2. 纳入失信被执行人名单

这份名单对被执行人的正常社会生活会产生重大影响。

第一，失信人信息将被录入最高人民法院失信被执行人名单库，并通过该名单库统一向社会公布。

第二，失信人名单信息将被通报给政府相关部门、金融监管机构、金融机构、承担行政职能的事业单位及行业协会等，供相关单位依照法律法规和有关规定，在政府采购、招标投标、行政审批、政府扶持、融资信贷、市场准入、资质认定等方面，对失信被执行人予以信用惩戒。

第三，失信人信息将向征信机构通报，并由征信机构在其征信系统中记录。

第四，国家工作人员、人大代表、政协委员等被纳入失信被执行人名单的，人民法院应当将失信情况通报其所在单位和相关部门。

第五，国家机关、事业单位、国有企业等被纳入失信被执行人名单的，人民法院应当将失信情况通报其上级单位、主管部门或者履行出资人职责的机构。

3. 其他惩戒措施

① 通过"执行天眼"定位。

② 将失信被执行人手机号码强制设置"失信彩铃"。通信公司将对失信被执行人手机打上特殊标签，启动彩铃提示。其他人拨打失信被执行人手机时，

将收听到大概内容为"您好，您拨打的机主已被 ×× 法院纳入失信被执行人名单，请敦促其尽快履行生效法律文书确定的义务，感谢您的参与"的彩铃。

③ 对失信被执行人"悬赏执行"。

④ 拘传、拘留、罚款。

⑤ 情节严重，构成犯罪的，以"拒执罪"追究刑事责任。

公布失信被执行人名单信息将使失信被执行人在工作、生活、出行、住宿、融资、开办公司、子女就读高收费私立学校等方面，特别是入党、入伍、招录（聘）公务员，担任党代表、人大代表、政协委员及竞选农村基层干部等方面受到相应的限制，失信被执行人将"一处失信、处处受限"。

所以，如果是不小心找了这样的伴侣，婚后可能面临种种法律纠纷。那怎样才能知道自己找的对象是不是一个被官司缠身的人呢？如何才能查到对方打官司的信息呢？

查清对方是否在打官司的几种方法

首先，在国家公布的查询裁判信息的网站，即最高人民法院的中国裁判文书网上查询。

在检索栏中输入要查询的人的姓名，就可以弹出与这个公民有关的裁判案件。每一个裁判案件都会详细介绍各方所陈述的事实，以及法院查明的事实，包括各方所举的证据，以及最后的裁判结果。从这些判决文书中基本可以还原所涉诉讼的具体情形。如果是无辜诉方，通过判决是能基本看出这个结论的。

另外，还有一个网站也是最高人民法院的政务公开网站，即中国执行信息公开网。在这个网站上可以查询到被查询人是否被列入失信人名单，即俗称的"老赖"。

在生活中，的确有人喜欢找各种诉由来启动司法程序，此时虽然有些人当了很多次被告，但并不能说明此人就喜欢"打官司"。也会存在另一种情况，即因同一个很小的事件与人发生纠纷，数次起诉，原告、被告均出现很多次，在此种情况下，就不能排除被查一方所涉官司均为无辜了。

所以，通过以上网站所还原的信息，其实是可以了解到更多被查一方的此前情况。

当然，如果双方在各方面都相处十分愉快，感情基础也非常好，即使是事先发现了对方存在多件诉讼，也依然愿意选择和对方在一起，建议一方对官司缠身的另一方分析各项诉讼形成的原因。必要时多向律师请教，避免非专业人士对法律的适用存在理解上的误区。同时建议多寻找其他解决通道。

重婚：

尽调婚史，警惕重婚风险

恋爱了好几年的男朋友，竟是别人的老公，不小心"被小三"。更可气的是，为了这段恋爱，自己还投入了许多感情、精力、金钱，甚至怀孕，此时不仅面临人财两空的境地，还可能被指控重婚，构成犯罪，需承担相关刑事责任。类似骗婚、骗孕的事件并不少见。所以，婚前调查对方有无婚史非常重要。

何为重婚？重婚是指有配偶者又与他人结婚的违法行为，其表现为法律上的重婚和事实上的重婚。法律上的重婚是指有配偶又与他人登记结婚，事实上的重婚是指有配偶者与他人未登记结婚，但以夫妻名义同居生活。

❤ ❤ ❤ ❤ ❤ ❤ ❤ ❤ ❤ ❤ ❤ ❤ **典型案例** ❤ ❤ ❤ ❤ ❤ ❤ ❤ ❤ ❤ ❤ ❤ ❤

月月和大强做同事那年32岁。在大强的猛烈追求下，月月虽然对他的条件不太满意，但考虑到自己的年龄，便打算将就。月月是公司项目负责人，工作能力很强，和大强在一起后，她把部分项目交给大强做，后来两人开了小公司。

不久，大强就搬到了月月的房子里，开始同居。每年春节前，被家人催婚，月月都会焦虑。大强虽然嘴里说着有多爱自己，但从来不提结婚的事。到第三年时，月月主动提出要去大强的老家看看大强的父母。大强开始找各种理由拒绝，实在拖延不过去了，硬着头皮带月月见了自己的父母。让月月意外的是，大强的父母见到自己并没有预想中的惊喜，只是不时地叹气。感觉到异样的月月在和大强的发小吃饭时，趁大强离开的间隙，问大强发小大强的感情生活。

月月的判断被证实了。大强不仅结婚了，还有一个四岁的孩子。前几年，大强和妻子在闹离婚，对方带着孩子回了老家。双方既没有和好，也没有提离婚。在这期间，大强与月月恋爱了。当初自己低就接纳大强，谁知这个让自己低就的男人还把自己变成了小三。多年的感情，不得不分手。月月与大强有共同的公司，因为有进行中的项目，还会涉及一系列的法律问题。如果早点查清对方的婚姻状况，就不至于此。

案例分析

重婚的法律风险

与已婚者同居的法律后果不只是有重婚的风险，还有财产的纠纷。

1. 犯罪风险

《中华人民共和国刑法》（以下简称《刑法》）第二百五十八条规定："有配偶而重婚的，或者明知他人有配偶而与之结婚的，处二年以下有期徒刑或者拘役。"

重婚包括双方均有配偶的重婚和一方无配偶与已有配偶者的重婚。在刑法领域，如果与有配偶者以夫妻名义共同生活的，虽然未登记结婚，同样会构成重婚罪。但如果被有配偶者欺骗同居，在主观上没有犯罪故意的，不构成重婚罪。

无论没有配偶的一方是无意还是有意，都破坏了一夫一妻的婚姻制度，都不影响对婚姻无效的认定。而在具体的案件中，是否被欺骗，需要由当事人自己来举证。所以，如果在相处时，未保留被男方欺骗的证据，也会使自己陷入不利的被动境地，甚至承担刑事责任。

2.财产纠纷

依据《中华人民共和国民法典》（以下简称《民法典》）相关规定，男女双方在同居期间，共同生产经营所获得的财产，属于一般共有。月月和大强共同经营的项目，如果产生收益，所得的财产有构成混同的可能。如果双方分手，该部分财产需要依法分割。同时，在此期间，如果男方擅自赠送女方大额礼物，由于男方尚未离婚，其没有独立处分财产的权利，其配偶在法律上享有撤销赠与的权利。

在确定恋爱关系前，了解清楚对方婚姻状况尤其重要。如果不进行一些调查，就有可能上当受骗。

婚姻状况查询途径

鉴于我国婚姻登记内容属于个人隐私信息，通过公开渠道很难直接获得，但通过一些蛛丝马迹还是能帮助恋爱双方做出一些判断。

1.通过社交圈打听

比如，双方在建立恋爱关系时，不妨多接触一下对方的熟人圈子。通过加对方同学、朋友的微信，翻看几年前有关他们生活的共同记录。如果对方刻意隐瞒，可能会关闭自己的微信朋友圈或设置三天可见；但朋友和同学的微信朋友圈就不一定都能配合他做好关闭了。通过微信好友，可以进一步进入他们的微信群。通过聊天的话题也可以发现一些踪迹。

此外，还可以留意一下对方手机上经常使用的其他社交软件。这是一个互联网留痕的时代。通过对方经常上的社交软件，可以尝试到这些社交软件上寻找一下对方此前生活的蛛丝马迹。在准备确定恋爱关系时，可以提出去看望下对方父母，从父母的言谈中打听过去生活的一些情况，是否一直一个人生活。也可以顺便观察对方父母家里的全家福照片。如果没有，可以提出看看对方小时候的照片。如果对方果断拒绝，应该就是有不方便给别人看的信息，需要多留一个心眼。

2. 通过征信报告了解

另外，如果对方曾经贷过款，在征信报告上会显示是未婚还是已婚或者离异等婚姻状况的信息。结合上篇文章介绍的查询对方征信线索的方法，可以到中国裁判文书网去查询是否有过与身份关系相关的判决。

3. 民政部门官网或柜台现场查询

目前我国婚姻登记已实现全国联网。如果准备同居了，可以要求对方提供在民政部门查询个人婚姻状况的信息回执，上面也有婚姻状况的信息。

很多恋爱中的人会有一个误区，认为接受对方就要做到无条件信任对方。如果直接要求对方提供婚姻关系证明，势必会影响到双方的感情。所以不建议最初就通过直接的方式要求对方出具个人信息，最好是一开始彼此能坦诚相见，但如果在通过各种线索判断后，有些疑问仍不能排除，可以把自己的顾虑告诉对方，让对方给自己出具一份具有说服力的查询结果。

毕竟，与已婚人士谈恋爱惹来的不仅仅是财产方面的纠纷，更麻烦的是一不小心甚至涉嫌重婚，有承担刑事责任的风险。

婚检：
是否有必要看体检报告？

　　婚检即婚前检查，指结婚前对男女双方进行的常规的健康检查，以便发现疾病，保证婚后的婚姻幸福。婚检一般包括以下几项检查。

　　一是病史询问。询问健康情况及以往患病的历史，尤其是对结婚及生育有影响的疾病，女性的月经史及双方个人史如烟、酒嗜好等，以及家族史——直系及旁系的患病情况，帮助对遗传病的分析及指导。

　　二是体格检查。注意精神状态及特殊面容或体型，生殖器发育情况及疾病，必要时做进一步鉴定。

　　三是其他检查。辅助检查血尿常规、阴道分泌物化验、梅毒螺旋体、肝功能及乙型肝炎表面抗原检查；必要时进行淋球菌培养、B超、染色体、激素及智商测定等。

　　四是相关指导。咨询及指导是根据体检情况分类指导婚育问题，并指导性生活及避孕问题。

　　当上述检查都正常后，医生将开具正常的婚检证明。如果发现有问题，医生也会对被检查者进行相应的指导和解释，告诉下一步该怎么办。

　　我国最早关于强制婚检的制度源于《母婴保健法》。该法第十二条规定："男女双方在结婚登记时，应当持有婚前医学检查证明或者医学鉴定证明。"在2003年10月1日正式实施的《婚姻登记条例》中，"强制婚检"被"自愿婚检"取而代之。

• ♥ • ♥ • ♥ • ♥ • ♥ • ♥ • **典型案例** • ♥ • ♥ • ♥ • ♥ • ♥ • ♥ •

吴小丹和李建勇是通过相亲角认识的。确切地说，是他们的父母拿着他们各自的择偶要求，两家父母互留了孩子的联系方式。在父母的催促下，他们俩开始见面约会。相处了一个多月后，李建勇向吴小丹求婚。

当时吴小丹32岁，李建勇35岁。双方条件也匹配，吴小丹在外企，收入高，待遇好。李建勇在央企，收入虽然没有吴小丹高，但稳定，也有北京户口。他们俩各自在婚前都有一套自己的小房子，都有未还完的月供。结婚后，可以共同出资再买套大点的学区房，李建勇户口落在学区房，孩子上学的问题也解决了。相处了一个多月，虽然没有什么令人心动的结婚冲动，但也没有什么相处不下去的理由。

两家开始商量结婚。因为相处时间短，吴小丹觉得对李建勇还是不够了解。可是，因为从小家教严格、观念比较传统，她又无法接受婚前同居。她想问问男方身体怎么样，虽然看上去李建勇一切正常，她还是有点小的担忧。自己的母亲身体不好，爸爸照顾了妈妈一辈子。所以她对于配偶的身体状况还是很在意。但是碍于情面，她最终没有提。

生活就是这样充满了戏剧性。新婚的当天，他们各自安好地度过了平静的一夜。后来因李建勇阴茎短小，且勃起有障碍，两人努力了数次也没能成功。吴小丹婚前的隐隐担忧变成了现实，懊悔不已。如果当时自己提出了婚前体检的要求，也许一切都会不一样。

• ♥ • ♥ • ♥ • ♥ • ♥ • ♥ • ♥ • **案例分析** • ♥ • ♥ • ♥ • ♥ • ♥ • ♥ • ♥ •

自从2003年10月1日婚前强制体检取消后，登记结婚的新人就多了一项选择，是否要进行婚前体检，完全看双方自愿。

在这种情况下，如果双方没有达成需要体检的默契，一方坚持要做婚前体检，另一方不同意，势必就会给甜蜜的爱情增加不必要的误会。但事实上隐性疾病、生理缺陷、隐私部位缺陷，给婚姻生活带来的负面影响非常大。

有些隐性疾病，如家庭性遗传病，当时不一定马上显现，也许会在有孩子后，慢慢浮现出来。此时，双方婚姻已走入较深程度，因疾病降低生活质量是必然要面对的结果。所以，为了避免出现这样的情况，准备结婚的新人在婚前或同居前进行体检是非常有必要的。

婚姻律师小课堂

两种途径获取身体检查状况

1. 真诚邀请对方共同体检

如果双方能在婚前体检的问题上达成一致，把婚检所能解决的疑问开诚布公地向对方提出，并真诚邀请对方和自己进行全面的婚前健康检查，作为对即将进入婚姻的第一份调查问卷，这是最理想的方式。

如果担心直接提出要求对方出具体检报告，会影响到彼此感情，也可以采取一些柔和的方式来解决这个问题，比如自己事先购买两个体检套餐。撒个善意的谎，告诉对方这是获赠的高端体检套餐，在指定的时间内需要消费完毕，请对方陪自己去，让对方也正好做一个全面体检。

2. 沟通医保卡诊疗记录信息

医保卡的诊疗记录，是一个人身体健康状况的历史记录，以往经常开的一些常用药，都能说明问题。如此，就可以以迂回的方式获得对方身体健康的相关信息。

另外，入职体检也可以作为一个参考。一般正规公司都会要求员工入职前进行相应的身体检查，虽然不如婚前体检查得全面，但也能反映部分信息，都可以作为参考。

通过全面的婚前体检，可以发现身体的一些异常情况和疾病，从而达到及早诊断、及时矫治的目的，有利于优生优育，也有助于婚后夫妻双方主动有效地掌握好受孕的时机和避孕方法，减少计划外怀孕和人工流产，更好地保护女性和儿童健康。

从医学和优生学的角度来看，婚前检查有利于婚后家庭的幸福和婚姻的美满，有利于优生优育、提高下一代的身体素质。

所以，一个健康的身体对一个家庭来说，意义深远。对婚姻当事男女来说，身体健康，才能共同承担家庭很多的责任。

心理建设

如果你准备步入婚姻殿堂，一定要让自己有颗强大的心脏，只有在心理建设好的基础上，才能在一段亲密关系中不受情感绑架、减少伤害。比如，常见的情感控制、被作为生育工具看待，甚至形婚……当面对形形色色的骗局时，切记提醒自己多留个心眼，避免入坑。

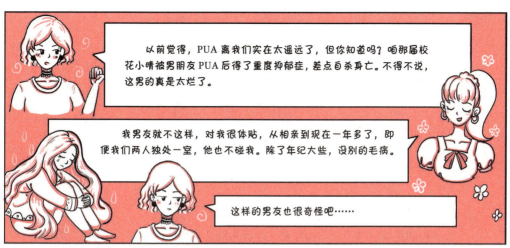

情感控制：
如何避免恋人 "PUA" ？

　　情感控制是以感情为武器操控别人的行为而达到自己的目的。这种控制经常发生在亲密关系中，其中一方利用另一方的羞耻心、罪恶感、恐惧感、责任感，对其进行精神上的施虐和操控。一旦一方对另一方实施了情感控制，就会进一步提出无理的要求，给对方造成巨大身心伤害，即情感勒索，这是情感控制最可怕的后果。

　　苏珊·福沃德在《情感勒索》一书中这样写道：我们最关心、血缘最浓、交往最频繁的人，对我们的杀伤力是最大的。他们清楚怎样利用彼此心理和情感上的弱点来达到目的，这导致了很多人际关系噩梦的基本形式：情感勒索。

　　因此，在进入一段亲密关系前，非常有必要观察对方是否存在情感控制的倾向。

♥ ♥ ♥ ♥ ♥ ♥ ♥ ♥ ♥ ♥ ♥ ♥ ♥ ♥ **典型案例** ♥ ♥ ♥ ♥ ♥ ♥ ♥ ♥ ♥ ♥ ♥ ♥ ♥ ♥

　　丽丽和男友是在校期间建立恋爱关系的。双方都在学生会里担任一定职务。丽丽称男方"主人"，丽丽给自己的称谓是"××的狗"，且男友要求丽丽将"××的狗"这个称谓做成文身，并录制整个文身过程。

　　不仅如此，男方在与丽丽恋爱后，对丽丽曾经有过恋爱经历、与前男友发生过性关系不是处女这件事非常在意。双方为此发生过很多次争吵。丽丽曾提出，如果男方不能接受，可以分手。但男方的理由是自己爱上了她，无法分手；却因为丽丽不是处女，使自己陷入痛苦。所以，他需要丽丽按照自己要求的方式来向自己证明丽丽有多爱他。比如，男友向丽丽提出先怀孕，再把孩子打掉并绝育。丽丽认为男方冒犯了自己，提出分手，却在男方以自杀相威胁的情况下妥协。每一次的分手尝试，都在男友的极端行为下失败。渐渐地，丽丽也深信不疑，男友是爱自己的，男友之所以这样对自己是因为自己不够好，也渐渐地相信了自己是无法离开男友的。

最终丽丽在深知离开男友无望的情况下，选择自杀来结束这一切。据媒体消息，丽丽的男友后因涉嫌"虐待罪"被警方采取强制措施。

❤❤❤❤❤❤❤❤❤❤❤　**案例分析**　❤❤❤❤❤❤❤❤❤❤❤

恋爱中的男女为了表达亲密关系，都会对对方有昵称。而丽丽和男友的亲昵称谓比较特别。

男方的称谓是"主人"，丽丽的称谓是"××的狗"。这种称谓本身就表达了双方地位的不平等，同时也隐含了双方控制与服从的关系。而被要求将"××的狗"这个称谓做成文身，并在文身时录制整个过程，使这种控制关系更彻底。丽丽作为一个成年人，有对自身感情及生命负责任的义务。丽丽和男友的情感纠纷乃至自杀，表面看起来似乎与男友无关。但事实真的是这样吗？

习得性无助

在心理学领域，有一个词叫习得性无助。

"习得性无助"由著名心理学家塞利格曼提出。他用狗做了一个经典实验，起初把狗关在笼子里，只要蜂音器一响，就对笼子进行电击，而狗关在笼子里逃避不了电击。多次实验后，在电击前，先把笼门打开，蜂音器一响，此时狗不但不逃，还倒地呻吟和颤抖。本来可以主动避开，却选择绝望地等待痛苦的来临，这就是习得性无助。

在丽丽的案例中，男方将丽丽称为自己的狗，丽丽称男方为自己的主人。狗的使命是服从主人的安排，具有绝对的忠诚度，所以久而久之，丽丽对男方唯命是从，无法拒绝，不敢相信自己有离开主人的能力。这就是一种习得性无助，这并非事实真相，但丽丽心里深信不疑。

情感控制的后果

上文提到情感控制的下一步就是情感勒索。男方利用丽丽的习得性无助心理，对丽丽的情感进行操控，让丽丽对他的情感完全服从，并进一步提出，让丽丽用怀孕、流产再做绝育这种惨绝人寰的行为向他证明，丽丽是爱他的。有些被情感操控的人，甚至愿意为了对方去犯罪，去自杀或杀人。

因为在情感操控的关系里，被控制一方的意志力已不完全属于自己，而是听命服从于对方。所以，不管对方提出何种过分无理的要求，被操控一方也无法拒绝、无法离开。可以说，被情感操控的后果是对一个人的身体及情感造成双重伤害。

在一段控制型的关系里，一方长期被另一方指责、侮辱、贬损，而另一方长期处在这样的环境下，不是不想逃跑，而是默认自己无逃跑的能力，只能被动地等待痛苦降临。因此，懂得辨识一段关系是否是控制型关系，并在发现问题时及时抽身，就变得尤为重要。

四点鉴别对方是否在实行情感控制

（1）提出过分要求，理由是太爱对方了。此时要识别这种要求不是爱，是基于个人的心理控制驱动，想要掌控对方。

（2）用自杀、自残、自我痛苦，迫使对方服从自己。

（3）让对方为自己的情绪负责。比如，因女方交过男友、不是处女，男方为此事痛苦，却要求女方负责。

（4）强调自己的痛苦都是因对方而产生，把责任推到对方身上，使对方产生愧疚感、羞耻感。明明是伤害了对方，却要把自己伪装成一个受害者。

这几点可判断已陷入情感控制中

（1）为自己的行为辩解。

（2）容易自我怀疑，自我意识和认知偏离正常思维。

（3）当对方提出无理要求时，自己明知道不对，但无力拒绝，自己宁可选择服从对方的指令，也没有勇气选择离开。

遭遇情感控制如何及时果断脱身？

存在以上情形时，要果断提出分手。

分手困难时，向身边的长辈寻求帮助。时刻提醒自己，任何情况下，具有侵略性的关系、对自己有损害的行为都不能美化成爱。

真正的爱能使双方更幸福、更完美。在恋爱中出现控制型的关系并不少见，这种关系多数情况下是由于控制一方的心理扭曲导致。所以，最明智的做法是尽快离开这种不健康的关系。

生育工具：

谨防成为生孩子的"工具人"

在开始这个话题前，先了解一下关于生育意愿和生育权的相关规定。

（1）生育意愿是人们在生育子女方面的愿望和要求。

（2）公民的生育权是一项基本的人权，生育权是与生俱来的，是先于国家和法律发生的权利。作为人的基本权利，生育权与其他由宪法、法律赋予的选举权、结社权等政治权利不同，是任何时候都不能剥夺的。

上述两个概念是在正常的婚姻家庭中会遇到的问题。即使是在正常的家庭中，女性在生育的问题上也拥有绝对的权利。根据《中华人民共和国妇女权益保障法》（2005 修正）第五十一条规定：妇女有按照国家有关规定生育子女的权利，也有不生育的自由。

根据法院判例，在婚姻关系存续期间，夫妻双方因生育权冲突时，男方不得违背女方意愿主张其权利，也就是女性单方终止妊娠不构成侵权。由于男女性别、生理机能和分工的差异，丈夫的生育权只能通过妻子来实现。男性的生育权作为其民事权利，需要妻子自怀孕起到胎儿出生这一段时间内的自觉自愿配合才能完全实现，因此如果妻子不愿意生育，丈夫不得以其享有生育权为由强迫妻子生育。

同理，在生育意愿上，女性也拥有相较于男性更大的自主权。所以，多数情况下，生育子女通常是在双方感情稳定，即将要开始一段或已经开始一段婚姻旅程时才有列入计划的可能。而双方如果处在随时有可能分手、各奔前程的关系阶段，除非一方有强烈的单身抚育子女的需求，否则此时考虑生育问题犹如空中楼阁。

但在有些情感中，也许对方从来就没想过要别的，而仅仅只是想要女方为自己家生一个孩子。

❤ ❤ ❤ ❤ ❤ ❤ ❤ ❤ ❤ ❤ ❤ **典型案例** ❤ ❤ ❤ ❤ ❤ ❤ ❤ ❤ ❤ ❤ ❤

"北漂"姑娘林依依在工作中认识了土生土长的北京男孩马骏。双方恋爱不久，林依依发现自己怀孕了。由于双方相处的时间太短，林依依一开始没有想要这个孩子。但马骏家人听说后，马上表示希望他们留下这个孩子，并且约了林依依的父母正式讨论结婚的事。马骏家庭条件不错，独自北漂的林依依也很渴望有个安稳的家，因此面对马骏家的热情安排，林依依似乎也找不出必须打掉孩子的理由。

于是，两家人正式商议婚事。在马骏妈妈的建议下，林依依住到了马骏家的房子里，一边养胎，一边等着举行婚礼，但登记结婚的事迟迟没有动静——马骏家似乎总有一些突发情况导致他们没法顺利登记结婚。

随着林依依的肚子一天天大起来，林家开始焦急。马骏家似乎一点都不着急。而且与当初林依依刚怀孕时的态度完全不一样了，马骏经常出差。陪在林依依身边的只有"准婆婆"。林依依怀孕八个月时，偶然在马骏的电脑里看到了马骏打着出差名义出去与前女友约会的照片，她彻底失望。在生产前双方大吵一架，林依依想等孩子生下来后马上带着孩子离开。

但生下儿子后，双方产生了更激烈的冲突和纠纷。月子期满，林依依提出要带儿子离开马家。马骏家全体出动，明确告知林依依没权利带走孩子。此时林依依才清醒，原来马骏家只是想让自己给他们家生一个孩子。此后，双方为了争夺抚养权开始了漫长的诉讼。

♥ ♥ ♥ ♥ ♥ ♥ ♥ ♥ ♥ ♥ ♥ ♥ **案例分析** ♥ ♥ ♥ ♥ ♥ ♥ ♥ ♥ ♥ ♥ ♥ ♥

未婚生子的生育权问题

对于男方家以结婚的名义，诱使女方怀孕并生下孩子，在法律上并没有明确的惩罚性规定。从法律的角度来看，每个成年人都有对自己行为负责任的义务，是否应当怀孕、结婚，自己都有判断的能力。因此，无法依据男方侵犯自己生育权为理由来主张男方家构成欺诈或侵权行为，孩子抚养权则会从利于孩子成长的角度审判。

案例中女方的生育能力被男方利用，成了"生育工具"，在不缔结婚姻关系为前提的情况下，要女方为自己家延续血脉。这种情况会直接改变女性的人生方向。

首先，生育子女后，在法律上就必须要承担起养育孩子的责任。不管是自己亲自抚养，还是支付抚养费，都对女性今后生活产生极大影响。

其次，女方被迫成为未婚妈妈。尽管社会环境已具有极大的包容度，但对一个年轻的女性来说，生育子女后分手与情感不和的分手造成的伤害区别很大，承受的压力也巨大。

最后，由于生育所带来的身体变化，以及哺乳的原因，在一段时间内女性的精力及身体素质都会受到一定影响。

被当成了"生育工具"应该怎么合理维权？

在情感关系未充分稳定前，女性一定要做好必要的避孕措施，防止未婚先孕。

（1）如果意外怀孕，在胎儿三个月以内务必确定结婚的事项，并办理完毕登记结婚。因为超过三个月的胎儿，如果选择做人流手术，对女性的身体损伤会加大。

（2）如果怀孕超过三个月，或女方决定要生下孩子，而男方此前承诺的结婚迟迟不付诸行动，女方此时要与男方做好就孩子出生后的抚养计划，避免因生育子女是完全违背自己意愿而发生纠纷。

（3）如果确实被当成了"生育工具"，上文已提到主张生育权基本上没有可能，剩下的就是孩子的抚养权以及因生育所支出的医药费问题。对于未婚生子的抚养权归属，我国法律规定，通常情况下，未满两周岁的孩子，抚养权原则上归妈妈，爸爸享有探望权。非婚生子与婚生子具有同等的法律地位。双方是否结婚，并不影响应承担对孩子的抚养义务。未直接抚养孩子的一方需向对方支付必要的抚养费。

形婚：
如何识破同性恋的婚姻骗局?

形婚，即形式婚姻。现实生活中有一部分同性恋的群体害怕被别人指点，害怕无法完成父母所期望的传宗接代任务。于是就寄希望通过与他人结婚，拥有形式上的婚姻以掩人耳目。这种行为对于非同性恋伴侣来说，极不公平。

♥ ♥ ♥ ♥ ♥ ♥ ♥ ♥ ♥ ♥ ♥ **典型案例** ♥ ♥ ♥ ♥ ♥ ♥ ♥ ♥ ♥ ♥ ♥

小丹和闫军由小丹的妈妈牵线认识。两个人相处了半年多，谈婚论嫁。一切顺理成章。恋爱时，闫军对小丹十分尊重，从不对小丹有过分的亲密举动。小丹暗自高兴，觉得闫军是位正人君子。

新婚夜，闫军说一天下来太累了，想早点休息。小丹也不好意思说什么，一夜无话。此后，每到夜里，闫军总能找出各种各样的理由来拒绝亲近。从恋爱以来，他们最亲密的动作就是拉着手走路。从未有过接吻，对于拥抱，闫军都是拒绝的。新婚三个月过去了，小丹和闫军还是"室友"关系。小丹追问时，闫军说，现在住的是单位的宿舍，隔音不好，等有了房子，再正式在一起。小丹就盼着有自己的房子。拿到新房钥匙时，他们的婚姻已走过二年。有一天，小丹在闫军的宿舍床上发现避孕套和润滑剂，于是她暗暗开始留意闫军的行为。

刚好有一次闫军手机没有锁，小丹发现闫军的手机上下载了好几个同性恋交友社交平台，还有和其他男性交谈的内容，几乎都是关于约会、发生性关系。得知真相后的小丹异常的愤怒，自己听信对方自律自爱、生活检点，对方却是一个同性恋骗子，毁了她对生活所有美好的安排。一气之下，小丹一纸诉状将闫军告到法院，要求与其离婚。

❤❤❤❤❤❤❤❤❤❤❤❤ 案例分析 ❤❤❤❤❤❤❤❤❤❤❤❤

　　只要有一个男同性恋隐瞒性取向恋爱结婚，就有一个异性恋女孩被骗。作为一个对女孩毫无性欲和同理心的男人，对妻子自然不会尽到丈夫应尽的基本责任。同性恋群体的性倾向无可厚非，但为了所谓的"给父母交代""延续香火"，去欺骗对婚姻抱有期待的女性，这种行为绝对应被谴责。如果遇到同性骗婚的人，一定要拿起法律武器维护自己的权益。

如何识别对方有可能利用自己形婚？

　　（1）认识时间很短，就着急结婚，对对方的实际情况并不是很在意，在意的是能否快速结婚。

　　（2）恋爱时拒绝同居、拒绝亲密的身体接触，尤其对对方有些身体部位的触碰表现出反感。

　　（3）拒绝对方进入自己的社交圈子。

　　（4）有同性恋倾向一方，父母催婚严重。

　　（5）对自己的恋爱经历回避，闪烁其词。

　　（6）在普通人看来，有形婚意愿的一方个人条件不错，但就是大龄单身。

　　当然，具备以上情形也并不能说明对方就一定是有形婚的企图，而是提醒大家可以从这几个方面来进行考察。

我国法律目前对同性恋婚姻没有相关规定。对于婚姻关系中感情破裂，有相关的认定，《民法典》第一千零七十九条规定，下列情形认定为夫妻感情破裂：

（一）重婚或者与他人同居；

（二）实施家庭暴力或者虐待、遗弃家庭成员；

（三）有赌博、吸毒等恶习屡教不改；

（四）因感情不和分居满二年；

（五）其他导致夫妻感情破裂的情形。

前四种情况在小丹和闫军的婚姻中都没有出现。不过他们的情况可以适用第五种——其他导致夫妻感情破裂的情形来提出离婚主张。

如何证明感情破裂是因为对方的同性恋倾向？

如何证明对方存在同性恋的行为呢？关键涉及证据的收集和双方的沟通意见两个方面。

首先是物证。比如，以上案例中，在当时小丹看闫军手机时，如果能马上把对话内容第一时间截屏，作为证据保存下来，就是第一手的证据资料。

其次是双方良好沟通，达成共识。可以在发现这件事后，找机会和对方心平气和地坦诚沟通，确定双方无法发生正常的性关系，以尽快结束这个形式上的婚姻。

最后，提起离婚诉讼。如果对方不同意离婚，可将保留好的证据提交给法庭，用来证明双方并没有实质的婚姻关系，且同时对方还存在情感出轨同性的行为。

尽管法律没有明确规定，出轨同性是否构成离婚的条件，但至少在事实上可以说明这个婚姻已没有挽救的可能，从而尽快推动判决离婚。

对于性取向不同的人群，应当尊重他们的选择，但不能容忍其为了达到自己私利的目的，骗取他人与其结婚，构成形式上的婚姻。这不仅害人，也是害己。

所以，在最初认识时，要从细节上判断对方是否存在性取向的问题。通常情况下，同性恋一方拒绝与异性接吻，拒绝非常亲密的肢体接触。一个正常的成年人，在恋爱半年期间从未提出性要求，除非是家教非常传统的家庭，否则，对于已经确定结婚的伴侣没有提性要求，就需要提高警惕了。

网络诈骗：
人财两空的"杀猪盘"陷阱

随着各行各业竞争压力加大，当代职场人的工作、生活节奏加快，人们承受了很多的心理压力。而平时身处熟人环境，诸多顾虑让人不愿向周围的人倾诉。一些犯罪团伙抓住网络时代人们空虚寂寞的心理，依托各种社交软件，打着婚恋旗号，进行网络诈骗，被称为"杀猪盘"。

婚恋杀猪盘的诈骗形式已存在多年，但花样不断翻新，目前依然属于主流的诈骗手段之一，且性质恶劣，对被害人的身心与财产造成极大危害：它是通过情感的欺骗，诱使受害人陷入"网恋"，达到诈骗钱财的目的。

犯罪分子所称的"猪"，就是指此类案件中的受害人。相比其他类型的诈骗，在婚恋"杀猪盘"中，被害人不仅被骗取财产，而且遭受情感打击——其中情感被骗的痛苦，甚至比财产损失更让人难以接受。不仅如此，诈骗团伙在收集到被害人信息后转卖，极易使被害人成为更多其他犯罪的目标。

❤ ❤ ❤ ❤ ❤ ❤ ❤ ❤ ❤ ❤ **典型案例** ❤ ❤ ❤ ❤ ❤ ❤ ❤ ❤ ❤ ❤

2020 年底，40 多岁的吴女士在社交平台闲逛时，突然一个头像是中年男子的人关注了她。中年男子称自己姓陈，是一名"军官"，还和吴女士同龄。两人在聊天中渐渐拉近了关系。

陈某开始在网上从嘘寒问暖，逐渐博取了吴女士的同情和信任。在二人发展为密友后，一次聊天时，陈某偶然提到自己"有技术和渠道，可以合法地通过境外的投资网站的漏洞赚钱"，还发送了自己一周时间里赚了几十万的账户截图，这让月薪几千的吴女士十分羡慕。为了让吴女士彻底打消疑虑，陈某以工作忙为由，请吴女士帮他操作投资账户。吴女士按照陈某的"指导"操作后，陈某夸赞说她一下子就帮助自己赚了 1.8 万元。

吴女士在陈某"指导"下注册了账号，拿出自己 20 万元的积蓄，按照操作要求向 4 个陌生账户转账，当天就赚了 2600 多元。成功提现后，吴女士便完全卸下了防备。这时，陈某又告诉吴女士，频繁提现会被系统发现，前期需要一定量的投资才能持续取现。在陈某的诱导下，吴女士又通过网上贷款，向周边的亲戚朋友借钱，前后共向十几个陌生账户转账投入 170 余万元。不到一个月，当看到自己账户上的金额达到 1900 多万元时，吴女士惊喜不已！就在她要申请提现，反复操作多次后，网站却显示"提现失败"。吴女士此时才发现有些蹊跷，立即联系陈某，但对方已把她拉黑。吴女士连忙报警。

💗💗💗💗💗💗💗 案例分析 💗💗💗💗💗💗💗

"杀猪盘"是打着异性交友旗号，利用对方情感需求拉近关系建立信任，引导对方产生高额回报的"贪念"，进行诈骗。它的主要操作流程大致如下：

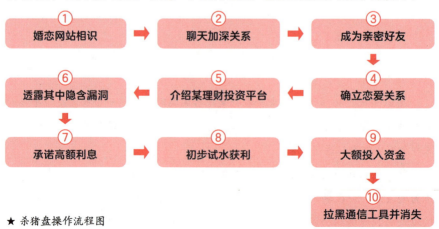

★ 杀猪盘操作流程图

多数的骗子账号都是在国外注册，当钱被骗走后，往往很难通过跨国追捕把钱要回来。所以一定要警惕此种形式的网络诈骗。

不同于传统的网络婚恋诈骗，新型的"杀猪盘"诈骗，犯罪分子会利用受害人的贪婪心理，在互相建立一定的信任基础后，向其大肆宣传某些投资平台存在"漏洞"，可获取高收益，并实际操作演示"赚快钱"的过程，甚至让对方自行操作，使其尝到"甜头"、赚到钱。

在情感与金钱的双重诱惑下，受害人逐步放松警惕，进而将大额资金投入平台。在确认"猪"将大额资金投入后，犯罪分子即拉黑对方所有通信工具，卷钱跑路，"杀"个措手不及。受害人最终人财两空。

遭遇"杀猪盘"被骗后，受害人往往意志消沉，不仅容易产生自我否定，更会因为大额资金无法追回，而被迫走上借高利贷、赌博回本的道路，遭到新一轮诈骗或敲诈勒索；受害严重者，甚至会产生轻生念头。

婚姻律师小课堂

---::: 学会识别杀猪盘陷阱 :::---

（1）什么是"杀猪盘"骗局？其常见形式是什么？

"杀猪盘"最常见的形式是感情骗局，是集"骗婚"、网贷、投资于一身的复杂综合型电信诈骗。

（2）"杀猪盘"骗局中"猪""养猪""杀猪"分别是什么？

在"杀猪盘"骗局中，诈骗分子把受害者叫作"猪"，把建立感情关系的过程叫作"养猪"，把最后的诈骗叫作"杀猪"。

（3）与其他骗局相比，"杀猪盘"骗局的主要特点是什么？

不同于其他骗局的"短平快"，"杀猪盘"骗局最大的特点就是放长线"养猪"，"养"得越久，"杀"得越狠。

（4）"杀猪盘"骗局中诈骗分子为获取受害者信任通常会采取什么方法？

诈骗分子为获取受害者信任，常常会建立一个新的身份，也就是人设。一般来说，男性通常把自己塑造成高富帅、阳光帅气、有豪车、爱健身的"优质单身男"；女性一般则假装是经营美容店失败的个体户，年轻貌美、命途多舛，容易博取同情。

（5）"杀猪盘"骗局中诈骗分子会采取哪些套路诱骗受害者进行投资？

诈骗分子在与受害者的交流过程中，会有意无意透露自己在赚外快，或者自称有亲戚或朋友在金融业工作，知道网站系统存在漏洞，轻轻松松就可赚取高额回报，诱骗受害者参与投资。

万一被骗，先做这三件事来"急救"

牢记被诈骗后的"黄金五分钟"。这是重中之重！发现被骗后迅速报警，准确说出自己的被骗经历，提供自己被骗转出资金的卡号、骗子收款的卡号，包括 QQ、电话等。选自己最熟悉的方式，立即实施。

（1）通过电话银行冻结止付。拨打该诈骗账号归属银行的客服电话，根据语音提示输入该诈骗账号，然后重复输错三次密码即能使该诈骗账号冻结止付，冻结至当日 24 时。

（2）通过网上银行冻结止付。登录该诈骗账号归属银行的网址，进入"网上银行"界面输入该诈骗账号，然后重复输错三次密码即能使该诈骗账号冻结止付，冻结至当日 24 时。

（3）如果是跨行转账，可以直接到资金转出银行营业厅要求对转出资金进行紧急拦截。

当使用上述方法锁定骗子账户时，其实就是拖住了犯罪分子转移资金、分赃的脚步，为公安机关争取了时间。完成锁定后，必须立即报警！

由于通过客服操作的流程所需的止付时间太长，止付成功率较低，建议打客服电话止付的同时，同一时间报警，以便民警能够通过公安部的"电信诈骗侦办平台"操作进行紧急止付。

被"杀猪盘"诈骗后完整的行动策略

（1）保存好所有聊天记录、往来录音、文字证据。

（2）第一时间报警求助，提供自己的付款账号、骗子收款银行账号、姓名，申请紧急止付。

（3）向警方申请冻结涉案账户，尝试阻止被骗资金转移。

（4）到公安机关报案，提供相关证据材料，做笔录。

（5）及时止损，无论被骗欠了多少贷款，都不要通过赌博和高利贷来周转。

（6）认真反省，但不要对感情失去信心，学会对来得容易的事物保持警惕。

（7）通过官方客服投诉诈骗账号，由平台采取风控措施封禁，防止更多人遭遇此账号诈骗。

防患于未然——安装"国家反诈中心"软件

国家反诈中心 App 是由公安部推出的一款手机防骗保护软件。当使用者收到涉嫌诈骗的电话、短信，或手机下载安装了涉诈软件，它会开启智能识别，并发出预警提示。如果在生活中发现诈骗线索，可以及时通过这一软件，一键举报涉诈信息。

这款软件还会及时发布典型案例，普及防骗知识，提升群众防骗意识和识骗能力。公安部提醒广大人民群众入脑入心，牢记"三不一多"原则："未知链接不点击，陌生来电不轻信，个人信息不透露，转账汇款多核实"，谨防上当受骗。

所有的骗术都离不开投其所好的虚荣心满足。正所谓，你贪图对方的利息时，对方盯住了你的本金。只靠常识有时无法识别骗局，也不会总有天降好事帮你抵御一切骗术。

非婚生子：

亲子鉴定和抚养的那些事

男女在交往期间，如果女方怀孕了，后因某种原因双方的情侣关系结束了，那么，女方所生的孩子，就成了非婚生子。如果女方要独自抚养，就会面临一定的经济和社会问题，如果要求男方承担法定的抚养义务，也需要证明对方跟孩子的亲子关系。

如何证明孩子是男方的？男方不配合做亲子鉴定怎么办？如何向对方主张抚养费？非婚生孩子跟婚生子女是否有同等权利？对方来"争夺"抚养权时该如何应对？

♥ ♥ ♥ ♥ ♥ ♥ ♥ ♥ ♥ ♥ 典型案例 ♥ ♥ ♥ ♥ ♥ ♥ ♥ ♥ ♥ ♥

梅梅是从农村来到北京打工的，偶然机会认识了王某。王某有家室，从一开始梅梅就知道。所以，她也没指望王某能给自己未来。中间王某有段时间没来了，恰好这个月，梅梅的大姨妈也没有如期来。她买了试纸一检测，怀孕了！梅梅手指有残疾，文化水平不高，一直很自卑，对于王某的温情，她其实很珍惜。对自己的未来她比较悲观。这次意外的怀孕反而让她很高兴。

正好那段时间王某不再来找她，十个月后，梅梅生了一个女儿。她没有告诉王某，本来她决定独自把孩子养大。谁知，在孩子三岁时，梅梅检查出乳腺癌。手术比较成功，但她不能再像过去一样拼命工作了。孩子要上幼儿园时，她想到了让王某支付孩子的抚养费。王某和她预想的一样，不承认孩子是自己的，且拒绝配合去做亲子鉴定。

绝望中，梅梅进行上诉。王某拒不到庭，更不配合做亲子鉴定。

法庭依据梅梅提交的大量的聊天记录和双方发生性关系的部分视频，通知王某，如果不配合做亲子鉴定，按照法律规定，会做出不利于他的推定。王某很不情愿地去和孩子做了亲子鉴定。结论是不能排除王某非孩子生物学上的父亲。

王某和妻子多年未生育孩子，妻子听说后，产生了想把孩子要过去的念头。王某又向法院起诉了梅梅，主张变更抚养权。王某的诉请能否得到支持呢？

案例分析

《民法典》中亲子关系的确认制度

一般在婚姻关系存续期间所生育子女，都推定为婚生子女，除非有相反的证据。但在非婚姻关系状态下，所生育子女，如男方不认可与自己有关，则需要女方提供充分的证据予以证明。

《民法典》第一千零七十三条规定，对亲子关系有异议且有正当理由的，父或者母可以向人民法院提起诉讼，请求确认或者否认亲子关系。对亲子关系有异议且有正当理由的，成年子女可以向人民法院提起诉讼，请求确认亲子关系。

亲子关系的确认往往需要提供亲子鉴定报告等可证明血缘关系存在的证据。如果一方当事人申请亲子鉴定且提出了必要的证据证明亲子关系存在，但另一方拒绝做亲子鉴定又无相反证据，则可综合全案证据推定亲子关系存在。亲子关系得到确认的，子女可诉请生父或生母承担抚养义务，未成年子女可追索自出生之日起的抚养费。

在本案中，女方提供了有受孕的时间段内自己与王某发生性关系的证据。

依据法律规定，可以认为孩子存在与王某有亲子关系的可能性。如果王某不认可，则需要通过亲子鉴定来予以反驳。这是从保护未成年人利益角度出发做出的规定。

王某与孩子存在亲子关系，则需要依据法律承担相应的抚养费。王某此时又提出要变更孩子抚养权，由自己来养育，他的这个要求能否获得法律支持呢？

确定孩子抚养权归属的很重要的一个原则是从有利于孩子的成长及教育角度出发。虽然梅梅身患癌症，但术后恢复良好，完全具备照顾孩子的能力，且因为孩子一直由梅梅照顾，梅梅更了解孩子的生活习惯。王某虽然与孩子具有亲子关系，但从未与孩子共同生活过，突然提出要抚养权，对照顾孩子来说，并不是很有利。因此，法院最终未支持王某的主张。

在非婚姻关系状态下，如果决定要生育子女，建议女性朋友们保留好孩子与男方间有关系的证明。如果男方能配合去做亲子鉴定更好。如果没有证据能证明孩子与男方间有关系，男方也不配合去做亲子鉴定，对女方来说，想确认孩子与男方存在亲子关系则非常困难，完全有可能会存在无法确认的情形。因此事前考虑充分十分有必要。

非婚生子女的法律地位

非婚生子女，是指没有合法婚姻关系的男女所生的子女。随着社会发展，婚姻、家庭、子女等传统观念更新迭代，非婚生子女的权益保护问题早已不再是法外之地，非婚生子女享有与婚生子女一样的权利吗？不直接抚养的一方要不要出抚养费？孩子能不能上户口？

1.非婚生子女享有与婚生子女同等的权利

按照我国《民法典》第一千零七十一条规定：非婚生子女享有与婚生子女同等的权利，任何组织或者个人不得加以危害和歧视。

也就是说，非婚生子女也可以和婚生子女一样上户口。根据《国务院办公厅关于解决无户口人员登记户口问题的意见》规定：对于非婚生育的无户口人员，本人或者其监护人可以凭《出生医学证明》和父母一方的居民户口簿、结婚证或者非婚生育说明，按照随父随母落户自愿的政策，申请办理常住户口登记。申请随父落户的非婚生育无户口人员，需一并提供具有资质的鉴定机构出具的亲子鉴定证明。

非婚生子女享有同等继承权。《民法典》"继承编"第一千一百二十七条规定，配偶、子女、父母是第一顺位法定继承人，本编所称子女，包括婚生子女、非婚生子女、养子女和有扶养关系的继子女。

同时，胎儿的继承权受到保护。《民法典》第十六条规定，涉及遗产继承、接受赠与等胎儿利益保护的，胎儿视为具有民事权利能力。第一千一百五十五条规定，遗产分割时，应当保留胎儿的继承份额。胎儿娩出时是死体的，保留的份额按照法定继承办理。

据此，非婚生子女与婚生子女都是独立的继承主体，对于父母的遗产享有同等的继承权。但若父母立有遗嘱，则应根据实际情况，尊重立遗嘱人对遗产的安排。

2.不直接抚养的一方需要承担抚养费

《民法典》第一千零七十一条同时规定：不直接抚养非婚生子女的生父或者生母，应当负担未成年子女或者不能独立生活的成年子女的抚养费。

父母对子女有抚养、教育、保护的权利和义务。这种权利义务是基于亲子关系产生，不论婚生子女还是非婚生子女，父母都应履行相应的义务。

本案例中王某如果没有获得抚养权，作为孩子的父亲，需承担孩子的抚养费。

3. 非婚生子女成年后有对父母赡养的扶助义务

与婚生子女一样，非婚生子女成年后也有对父母赡养扶助的法定义务，这一义务不因父母婚姻关系的变化而终止。有负担能力的非婚生子女，对于子女死亡或子女无力赡养的祖父母、外祖父母亦有赡养的义务。

此外，根据《民法典》第一千零六十九条的规定，非婚生子女亦应当尊重父母的婚姻权利，不得干涉父母离婚、再婚以及婚后的生活。

根据上述法律规定可以看出，非婚生子女与婚生子女享有同等的权利，非婚生子女和婚生子女一样，与父母存在血缘关系，造成非婚生的原因在于父母，不应由子女承担不利的法律后果。

法律对非婚生子女和婚生子女一视同仁，但是，并不意味着法律鼓励、提倡未婚生育。司法实践中，许多案例反映出大多非婚生子女缺乏温暖和谐的成长环境，非婚生子女会面临亲子关系确认、抚养、探望等纠纷，部分非婚生子女在继承权的实现中也存在现实障碍。此外，非婚生子女在户口登记中可能面临相对烦琐的程序，甚至影响以后顺利入学，无法充分享受教育资源。因此，尽量不要选择未婚生育。

个人财产和债务

每个人都要在恋爱期间做两件最主要的事，那就是：厘清个人的资产和债务，掌握和了解对象的财产和债务。

做好这两件事的目的不是要和对方划清"楚河汉界"，你的是你的，我的是我的，而是要在契约、伦理和法律的前提下去发展这段恋爱关系，以免日后因为"恋爱中的账单问题""婚前借钱还债问题""婚前共同投资问题"等产生矛盾，而陷入无休止的纠缠当中，甚至要经过长时间的法律诉讼才能解决问题。

所以，婚前对于彼此的财产和债务进行"明白管理"，分清楚各自财产和债务的权利与义务，有利于进行"和谐的恋爱"，最终步入婚姻殿堂。

恋爱消费：
分手后如何处理恋爱账单？

在恋爱期间，情侣一起约会、逛街购物、外出游玩，产生各种消费很正常。在通常情况下，男女双方都会花钱，经济条件好的一方可能会多花一些。恋爱期间彼此也不会计较谁出得多谁出得少，而一旦双方分手，这些消费、转账、互赠的礼物都极易成为双方矛盾的焦点。

分手后如果面临对方要求返还恋爱期间的消费支出，该怎么办？

❤ ❤ ❤ ❤ ❤ ❤ ❤ ❤ ❤ ❤ ❤ **典型案例** ❤ ❤ ❤ ❤ ❤ ❤ ❤ ❤ ❤ ❤ ❤

周山和杨柳是通过一家婚恋网站相识的。经过一段时间的联系后，二人均感觉对方还不错，于是在认识半年之后确立了恋爱关系。在恋爱期间，他们经常约会，一起吃饭、逛街，彼此也会互相赠送一些小礼物，周山也常带杨柳在国内外旅游。当然，关于恋爱期间的所有花费，虽然双方都有承担，但周山承担的相对较多。

在恋爱的第二年，双方将二人的婚姻大事提上了日程，商量着什么时候见彼此的父母及亲友，拍什么样的婚纱照，举办什么样的婚礼。

然而，好景不长，双方及其家人在正式谈婚论嫁的时候，因彩礼嫁妆、婚宴等问题谈崩了。

最后，这场婚事无疾而终，他们二人以分手收场。

分手后，周山算了一笔账，同时给杨柳发了一份清单，要求她返还在恋爱期间自己所花费的款项、购买的礼物。杨柳收到后傻眼了，双方恋爱期间因逛街购物、吃饭、游玩而产生的花费也不只是周山一人负担的，她也负担了很多，何况消费都是双方共同的消费，需要返还吗？情侣之间互赠礼物难道不是很正常吗？这也要返还吗？

❤❤❤❤❤❤❤❤❤　**案例分析**　❤❤❤❤❤❤❤❤❤

　　恋爱期间的消费或者账单，一般是男女双方为了促进彼此感情、表达心意而进行的正常社交支出，系双方完全自愿支出，而且系双方共同消费，无法完全区分各自所花费的数额，且一方在付款时就应明白其行为相当于已经做出了愿意承担全部费用的承诺。既然如此，一方如何能在分手后，再要求另一方支付恋爱中的账单呢？

　　而情侣之间互赠礼物，更是彼此之间为了维系彼此感情、表达爱意的赠与行为。

　　《民法典》关于赠与的规定指的是对赠与合同的规定，所有的赠与都体现为赠与合同，只不过有书面合同和口头合同之分。案例中提到的赠与财物指的就是赠与合同。《民法典》第六百五十七条规定，赠与合同是赠与人将自己的财产无偿给予受赠人，受赠人表示接受赠与的合同。

　　故情侣之间互赠礼物系基于道德义务的一般赠与行为，赠与已经完成，不能要求返还。基于社会习俗、生活常识而言，对于恋爱期间赠送的礼物，或者双方用于维持恋爱关系的餐饮、旅行等自愿性质的日常性消费，一般不能主张返还。

　　在恋爱关系不再存续时，一方请恋人看电影、吃饭、逛街、旅游、送礼物等恋爱支出，支付方无权要求对方分摊或偿还。此类具有日常性、即时性消费特点的"恋爱经济账"，仅具有道德意义，属于一般性赠与，收受一方可不予返还；且自由恋爱是促成婚姻幸福的重要因素，此类恋爱经济账来往均符合社会的一般消费习惯。

除了日常的小额消费性支出，恋爱期间可能引发分手后纠纷的支出还有哪些类型？分手后的"恋爱经济账"主要包含哪些？哪些能够追回？哪些不能追回？影响能否追回的具体原因有哪些？

1. 红包往来

朋友圈里那些"520"或"1314"等特殊节日的红包照片令人羡慕，但当双方闹分手时，这些在诸如情人节、纪念日等特殊日子发来的红包能否要回呢？

关键在于要区分这些红包的性质是赠与还是借贷。一般而言，这类在特定节假日发出的表达爱意的红包有着特殊含义，特别是数额为"520""1314"的红包，其意在表达"我爱你""一生一世"等信息。这种支出的目的也是更好地维持双方的恋爱关系，促进双方的感情。

从司法实践来看，这些在恋爱关系中的"一厢情愿"的红包被认定为赠与的可能性比较大。因此，恋爱期间的红包经济账，在恋爱关系结束后，接受红包的一方没有义务返还。

2. 恋爱期间送的房产车辆

相较于一般生活消费，恋爱期间购买的房或车等经济账，属于大额消费。而且其消费目的多数在于促进将来共同生活，进行消费的一方有着与对方缔结婚姻关系、组建家庭的期待。

因此，法院通常将其视为附带解除条件的赠与，并非一般性赠与，即如果恋爱中的双方结婚，赠与协议所附加解除条件不再生效，赠与无须返还；而如果双方分手，恋爱关系不再存续，则该附加条件的赠与解除条件达成，被赠与人应当返还该赠礼。

但需要注意的是，这种情况下是有例外的。如果有证据证明一方是不以结婚为目的送对方房产、车辆时，则属于恋爱期间自愿赠与情形，此时不能主张返还。

恋爱固然美好，但在享受甜蜜爱意的同时建议保持清醒的头脑，理智地管理好这笔恋爱经济账，才是对自己负责、对恋爱之人负责的明智之举。

3.恋爱期间的转账

青年男女在恋爱期间为表达情意等难免有一些经济往来，转账就是比较常见的方式。也有不少情侣在双方分手之后因为经济原因产生纠纷，甚至对簿公堂。结合中国裁判文书网公开的司法裁判案例，在此对请求返还恋爱期间转账能否得到支持进行法律分析。

首先要明确转账的性质是什么，也就是对簿公堂时，案子的定性是什么。恋爱期间的转账，法律关系上主要有这几种认定：一种是认定为借贷，第二种是认定为赠与，还有可能是婚约财产纠纷以及不当得利等。

不同的法律关系因为成立的条件、适用的法律规定、举证责任的分配等均有不同，导致判决结果也有所差异。

第一，民间借贷。

民间借贷法律关系的成立，除了应当有如转账等的借款交付行为之外，还应当有借钱合意的成立。因此，原告在以民间借贷这一法律关系起诉时，除了转账记录外，还应当出具双方就该笔转账达成了借贷合意的证据，比如对方明确表示要借钱的消息记录、借条等，否则有可能承担举证不利的法律后果。

第二，赠与。

赠与合同是赠与人把自己的财产无偿送给受赠人，受赠人同意接受的合同，可以是书面，也可以是口头。赠与也可以附义务。

根据《民法典》第六百五十八条可知，除经过公证的赠与合同或者依法不得撤销的具有救灾、扶贫、助残等公益、道德义务性质的赠与合同之外，赠与人在赠与财产的权利转移之前可以撤销赠与。而附义务的赠与，若不履行赠与合同约定的义务，赠与人可撤销赠与。

情侣之间的转账，如果仅仅只有转账记录，没有证据表明属于借款，则有可能被定性为赠与。但具体是否附有义务，各个法院在审理此类案件时，根据具体案情、结合地方的经济发展情况等，法官自由裁量空间较大，认定也有不同。

比如，有的法院结合当地经济发展条件，以酌定的金额标准划分，小于该金额的认定为恋爱期间表达情谊的无义务的赠与行为，而大于该金额的则认定为以共同生活或者缔结婚姻关系为目的的附加义务的赠与，在双方分手后，因赠与所附义务未履行，赠与人可撤销赠与，因赠与而取得的财产应当予以返还。也有法院酌定返还一定金额的转账，其他的视为无义务赠与。

第三，不当得利。

不当得利，是指没有法定或约定的合法依据而取得利益的同时使他人遭受损失。不当得利的事实发生以后，利益所有人有权请求不当得利人返还不应得的利益，而不当得利者有义务返还。

情侣之间的转账往往多而杂，金额大小不一，多数也没有其他证据佐证给付行为是借贷还是赠与。在此情况下，法院可能会认为金钱往来的性质及目的难以言明，因而不会将钱款简单认定为民间借贷或赠与。因为双方分手后共同生活或者缔结婚姻关系的目的已经不能达到，故属于没有合法依据取得的财产，是接受转账的一方构成不当得利，而得利者应当予以返还。

第四，刑事诈骗。

如果一方隐瞒或者虚构事实，以非法占有为目的，假借恋爱哄骗对方钱财，达到法定数额的，可能构成诈骗罪。

成立诈骗罪，不能仅依靠转账记录，还需要结合其他证据，并达到案件事实清楚、证据确实充分的标准，才能综合认定。若诈骗罪名成立，需承担相关刑事责任。依据《刑法》第二百六十六条规定：诈骗公私财物，数额较大的，处三年以下有期徒刑、拘役或者管制，并处或单处罚金；数额巨大或者有其他严重情节的，处三年以上十年以下有期徒刑，并处罚金；数额特别巨大或者有其他特别严重情节的，处十年以上有期徒刑或者无期徒刑，并处罚金或者没收财产。司法实践中，达到3000元以上一般算数额较大。

对于恋爱中的"小额日常消费性支出、恋爱期间的红包往来、恋爱期间送的房产车辆和恋爱期间的转账"等四个问题，相恋的人一定要明白，一旦两人分手，恋爱中的支出哪些受法律保护能够要回来、哪些无法要回来。

借债：
如何追回婚前借款？

婚前，一方提出要借钱还债，另一方一定要慎重对待，不能被"爱情冲昏头脑"，一冲动把钱借给对方还债。

其实，对于恋爱中的人来说，婚前债务十分重要。搞清楚恋爱中另一方的负债，有利于判断是否有必要继续维持这段关系，如果因对方负债过重出现问题，就要考虑终止恋爱关系。

还有，对于已经到了"谈婚论嫁"阶段的恋人来说，如果一方确实因为家庭或事业上的突发状况，需要借钱解决燃眉之急，另一方可以出手相助；如果一方是具有欺骗性地谎称资金周转有问题需要帮助，这钱一定不能借。

●•●•●•●•●•●•●•●•● **典型案例** ●•●•●•●•●•●•●•●•●

方晓雨是一名画家，在一次画展中遇到了现在的丈夫魏延。

魏延的长相、性格完全符合晓雨对未来另一半的想象，而且他也有大把的时间陪伴晓雨，对晓雨很温柔，也很有耐心。恋爱期间，魏延曾向晓雨说过自己与朋友创业开了一家公司。有一天，魏延通过微信向晓雨借钱，称公司资金周转遇到困难，向晓雨借款 10 万元，晓雨二话没说便答应了，当即向魏延要了银行账户并转账 10 万元。

不久后，二人领证结婚。婚后，晓雨渐渐发现魏延有很多地方不对劲，比如他不怎么上班，也从不谈公司的事儿；虽然他不上班，但每个月也会给晓雨一些生活费；魏延在家的时候就是打游戏，也不做别的。

一次偶然的机会，晓雨发现了魏延的很多信用卡账单以及催账通知单，才知道他欠银行信用卡已经有三十万之多，之前给自己的生活费都是来自信用卡套现。而且晓雨也得知魏延没有开过公司。

晓雨这时才明白魏延一直在欺骗自己，便下定决心与他离婚。同时，晓雨希望魏延能够返还其在婚前向她借的 10 万元。

当时晓雨也没有让魏延写借条，那该怎么向魏延要回这笔借款呢？

案例分析

从以上案例来看，魏延与晓雨之间的借债形成民间借贷关系，晓雨可先行与他协商沟通偿还借款的事宜。若双方协商不成，晓雨可以通过诉讼的方式要求他偿还借款，以维护自己的合法权益。

婚前，魏延向晓雨借款 10 万元，有明确的借款意思表示，晓雨亦做出了同意出借款项的意思表示，双方之间形成了借贷合意，晓雨向他转账了 10 万元，履行了自己的出借义务，虽然当时没有借条，但双方通过微信对借款的意思达成了一致。

所以，现有的证据即双方的微信聊天记录、银行转账记录，足以证明魏延与晓雨之间存在民间借贷关系，若他不愿意向晓雨返还借款，则晓雨可以凭借现有证据向法院提起诉讼，要求他履行还款义务。

在男女双方恋爱期间，彼此难免会产生金钱上的往来，如果双方分手或是结婚后又离婚的，极易在此前的经济往来上产生分歧和矛盾，一方可能认为是赠与，另一方可能认为是借款。

因此，对于彼此之间大额的经济往来，无论是借款还是赠与，建议双方最好做出明确约定，比如通过书面协议、微信或短信聊天记录、银行转账备注等形式均可，否则极易引起纠纷。

上述案例中，魏延向晓雨借款，幸好有双方的微信聊天记录可以证明借款的事实。否则，双方既没有签署借款协议，银行转账记录也没有备注，若再无聊天记录，这10万元的性质如何判定，就不好说了。

那么，对于婚前对方的借款，该如何要回呢？

追回婚前借款的关键

首先，要证明双方之间存在借贷关系，也就是一方向另一方借款的事实。比如，一方给另一方出具的借条或者欠条，双方通过微信或短信关于借款的聊天内容，双方通过电话、当面聊天等方式获取的关于借款的聊天录音内容，等等。不要因为双方是情侣或者未婚夫妻，就不好意思让对方出具借条或欠条等借款凭证，否则，事后追悔也无用。

其次，要证明借款已实际支付，即一方向另一方交付了借款，如一方向另一方出具的收据、银行转账凭证、微信转账凭证、支付宝转账凭证等。所以出借款项一方一定要保存好向对方交付借款的凭证。

　　最后，也要注意还款期限、利息及诉讼时效的问题。双方关于借款期限和利息是否存在约定，如果未约定还款期限，则随时可以主张还款，但也不能超过最长诉讼时效 20 年。若双方约定了还款期限，则诉讼时效为 3 年，自对方未按期偿还借款之日起计算。若双方约定了借期内的利率，但未约定逾期利率，一方在主张归还借款时，可按照借款期间的利率同时主张借款期间的利息及逾期还款的利息，但双方约定的利率不能超过合同成立时一年期贷款市场报价利率的四倍。若双方既未约定借期内的利率，也未约定逾期利率，则一方可参照当时一年期贷款市场报价利率标准，要求对方承担逾期还款违约责任。

　　根据以上所述，如果晓雨想要追回借款，应着重从以下几方面着手：
　　依据《民事诉讼法》中"谁主张谁举证"的原则，如果晓雨想要回这笔借款，那么必须先准备相应的证据，然后采取诉讼的方式解决。如果晓雨不能提供相应的证据，那么其主张则无法获得法院的支持。就证据方面，晓雨可以从以下几点准备：
　　一是晓雨与魏延之间关于借款的微信聊天记录；
　　二是晓雨向魏延转账 10 万元的银行交易凭证；
　　三是晓雨向魏延催要借款的聊天内容或通话录音等证据。
　　因晓雨与魏延未约定还款时间，晓雨可在诉讼前向魏延催要借款，限期还款。若魏延到期仍不还款，晓雨可在准备好证据之后，根据相关法律的规定向晓雨住所地人民法院提起诉讼，要求魏延偿还借款本金并承担逾期还款的违约责任，并按法律规定的标准支付相应的利息。
　　综上，涉及婚前一方向另一方借钱，奉劝大家不要因为"都是一家人了"而犯糊涂。凡是借款，一定要多个心眼，留存证据，以便日后出现纠纷时也能减少损失。

婚前协议：

你愿意签婚前财产协议吗?

关于婚前协议，并无明确的法律规定，一般指男女双方在办理结婚登记之前对双方各自的婚前财产、婚后取得的财产的权属进行约定。一般在办理结婚登记之前签订。

婚前协议不是为了防备对方，而是为了能明明白白组建家庭，幸福有序地生活在一起，组成"家"这个经济利益共同体，彼此约束，并在事情出现异议时，能够依协议治家。所以，婚前财产协议是当代现实中"和谐家庭"的保障。

● ● ● ● ● ● ● ● ● ● ● ● **典型案例** ● ● ● ● ● ● ● ● ● ● ● ●

周强与王芳都是离异者，双方各自都带着一个女儿生活。双方通过相亲认识，认识后不久便确立了恋爱关系，并开始同居生活。

周强一直想买房，但因其不具备购房资格，所以购房计划一直无限制拖延。刚好王芳具备购房资格，所以二人便商量以王芳的名义购房，周强负责全部房款，房屋登记在了王芳名下。

2019年10月，周强与王芳领证结婚，婚前双方签署了《婚前财产约定协议》，协议内容主要为购房相关：双方同意周强以王芳的名义购买房屋一套，登记在王芳名下，购房款为120万元，均由周强全部出资。房屋虽登记在王芳名下，但该房屋的所有权归周强个人所有，该房屋可作为结婚用房，双方婚后可在该房屋居住。

婚后，周强与王芳总因孩子的问题发生矛盾与冲突，最终，二人感情破裂，周强向王芳提出离婚，并要求王芳同其女儿搬出自己的房屋。但王芳不同意，称房屋系婚前购买，登记在其个人名下，是自己的房子，自己与女儿有权利居住。

周强便向法院同时提起离婚诉讼和房屋确权纠纷诉讼，结合周强与王芳签署的《婚前财产约定协议》及周强支付房款的凭证，法院认为双方签署的这份协议具有法律效力，房屋应归属周强个人所有，与王芳无关。

❤❤❤❤❤❤❤❤❤❤❤ 案例分析 ❤❤❤❤❤❤❤❤❤❤❤

上述案例中，周强与王芳签署的《婚前财产约定协议》系周强与王芳的真实意思表示，协议既没有限制婚姻自由，也没有违反法律强制性规定，其合法有效，应受法律保护。所以，法院认定上述《婚前财产约定协议》具有法律效力，判决涉案房屋归周强所有无任何问题。

幸好在结婚前，周强与王芳签署了《婚前财产约定协议》。若双方没有签署《婚前财产约定协议》，那么案件的结果就会有所不同了，周强能不能保住这套房屋都是未知数。

若二人未签署上述协议，周强全额出资购买房屋，登记在了王芳名下，也没有其他的证据，最坏的结果是法院极有可能认定该房屋系周强对王芳的婚前赠与，赠与已经完成，房屋所有权已经转移，房屋属于王芳的婚前个人财产。好的结果是，法院考虑到该房屋毕竟系周强在婚前全额出资购买，虽然登记在王芳名下，但二人在购房后不久便结婚，共同居住在该房屋内，王芳向周强支付适当的房屋折价款。

婚姻律师小课堂

婚前财产协议一般包含哪些内容？

婚前财产协议中既可以包括对双方各自婚前财产权属的约定，也可以包括对婚后取得的夫妻财产进行约定的内容，还可以包括对双方债权债务进行约定的内容。《民法典》第一千零六十五条规定：男女双方可以约定婚姻关系存续期间所得的财产以及婚前财产归各自所有、共同所有或者部分各自所有、部分共同所有。约定应当采用书面形式。夫妻对婚姻关系存续期间所得的财产以及婚前财产的约定，对双方具有法律约束力。

由此可见，男女双方可以在婚前财产协议中对以下事项进行约定：

（1）明确婚前财产的范围，包括男女双方婚前的存款、房产、车子，其他贵重物品等；

（2）明确婚后财产的权利归属，如婚后各自名下存款归各自所有、婚后所购房屋共同所有等；

（3）明确婚前及婚姻关系存续期间的债务由谁承担；

（4）关于婚后生活各项消费支出，双方如何承担。

需要注意的是，婚前协议必须采用书面形式，并由双方签字，协议中涉及的财产必须是夫妻一方或者双方合法拥有的财产。

哪些情况下有必要签订婚前财产协议？

以下几种情况下，往往有必要签订婚前财产协议：

（1）双方的婚前财产相差很大，且婚后容易发生混同；

（2）一方婚前有较多债务，另一方不希望承担对方的债务；

（3）一方承诺婚后把自己的婚前财产作为夫妻共同财产，例如，一方承诺婚后把自己名下的房产加上对方的名字；

（4）财产的出资来源与登记人不一致的，例如一方（或一方父母）出资购房，登记在了对方的名下；

（5）双方希望婚后实行 AA 制或部分 AA 制的；

（6）其他需要保障个人财产权益的情况。

准备结婚的男女似乎应该签署婚前协议，但婚前协议不一定适合所有准备结婚的男女。若一方想签署婚前财产协议，而另一方不愿意时，那彼此就需要慎重考虑了，签署协议与否都可能会影响彼此的感情、影响婚姻，如果因此导致影响夫妻感情，就得不偿失了。

婚前财产协议一般什么时候签订？

顾名思义，婚前财产协议一般在婚前签订，双方签字后协议即发生法律效力。如果婚前没有签，婚后也是可以再签的。当然婚后签的就不叫婚前财产协议了，而是叫婚内财产协议。

在婚前签订的好处是：可通过书面形式事先把有关问题约定清楚，并作为结婚的前提条件。如果婚后再提出签订协议，那么另一方完全有可能拒绝，那时就会面临协议难以达成的无奈了。

婚前财产协议不需要进行公证便可产生法律效力

只要不违反法律强制性规定、不违反公序良俗，那么通常只要双方签字，婚前财产协议就具有法律效力，并不一定要办理公证，公证与否不影响协议的法律效力。

但个别情况下，办理公证是有必要的，比如含有赠与不动产内容的婚前财产协议。否则一方有可能反悔而撤销赠与，从而无法实现签订协议预期的效果。

为了使双方订立的婚前财产协议有效且不遗漏关键条款，建议聘请专业律师来起草或者审核该婚前财产协议，以避免协议起草时因考虑不周而给一方造成重大损失。

附：婚前财产协议（参考模板）

婚前财产协议

男方：姓名　　　　身份证号：　　　　　　　联系方式：

女方：姓名　　　　身份证号：　　　　　　　联系方式：

当事人双方自由恋爱，将办理结婚登记，为明确双方婚前婚后个人财产的范围和归属，经过双方平等自愿协商，根据我国《民法典》相关规定，特在婚前制定本协议，以兹共同遵守：

一、双方婚前个人财产的确认

1.1 双方婚前名下各自的财产，均归各自所有。

1.2 男方的婚前个人财产

（1）房屋

坐落在＿＿＿＿＿＿＿＿＿＿＿＿＿＿＿＿＿＿＿＿＿＿＿＿＿＿＿，
房屋产权证号为＿＿＿＿＿＿＿＿＿，建筑面积为＿＿＿＿＿平方米。该房屋为
男方婚前个人房屋，已付清全款。该房屋装修及室内家具、家电均归男方个人所
有。（或：坐落在＿＿＿＿＿＿＿＿＿＿＿＿＿＿＿＿＿＿＿＿＿＿＿＿＿，
房屋产权证号为＿＿＿＿＿＿＿＿＿，建筑面积为＿＿＿＿＿平方米。该房屋首
付款由男方婚前个人出资，房屋总价款为＿＿＿＿＿＿，已还房贷＿＿＿＿＿，剩
余＿＿＿＿＿，每月还款＿＿＿＿＿，婚后用夫妻财产共同还贷。如果婚后用夫
妻共同财产进行还贷，属于婚后女方还贷本金与房屋增值部分可以换算折价为
女方的个人财产。）

（2）车辆

男方购买的汽车，车牌号为＿＿＿＿＿＿＿＿＿，该车辆归男方个人所有。

（3）存款

（4）有价证券（股票、债券、投资基金等）

（5）公司股权

（6）住房补贴、住房公积金、养老保险金、破产安置补偿费

（7）个人债权债务

（8）其他

1.3 女方的婚前个人财产

（1）房屋

（2）车辆

（3）存款

（4）有价证券（股票、债券、投资基金等）

（5）公司股权

（6）住房补贴、住房公积金、养老保险金、破产安置补偿费

（7）个人债权债务

（8）其他

1.4 婚前个人财产的处置

男女双方对其婚前个人财产享有完全的所有权，包括对该财产的占有、使用、收益及处分权。财产所有权人享有独立的处置权，另一方不得加以干涉，如需配合办理手续，需无条件办理。

二、婚后财产制度——分别财产制

结婚后，男女双方实行分别财产制，不适用我国的法定夫妻共同所有制。男方或女方婚后以各种形式取得财产均归男或女个人所有。包括不限于：工资、奖金；生产、经营的收益；投资收益；知识产权收益；一方婚前个人财产所产生的孳息和其他收益等其他形式。

三、债权债务的约定

男女双方婚前各自名下的债权债务由各自享有及其独立承担，男或女婚后一方对外所负的未经对方同意的债务，以男或女一方的财产清偿，与对方无关。

四、其他

本协议系双方真实意思表示，本协议不可变更和撤销，若因本协议产生纠纷，双方需协商解决，若无法协商解决，可通过诉讼方式解决。

本协议一式两份，男女双方各执一份，具有同等的法律效力，本协议自双方签字之日起生效。

男方（签字）：　　　　　女方（签字）：

日期：　　　　　　　　　日期：

共同投资：
如何界定个人财产和债务？

　　恋爱中的男女对于共同创业投资行为要慎之又慎。如果两个人在结婚前，没有就投资中相互出资做出约定，结婚后又因为种种缘故而离婚，就会产生财产和债务的纠葛，并且因为有很多出资情况没有证据去证明，往往会在离婚时造成财产上的损失。

❤❤❤❤❤❤❤❤❤❤❤❤❤ **典型案例** ❤❤❤❤❤❤❤❤❤❤❤❤❤

　　常江与前妻离婚后，一直是一个人生活，直到遇见了郭晓梅。

　　两人相识并产生感情后开始了同居生活。在共同生活期间，双方各自出资5万元，共同承包经营了当地的大客车客运运输，并成立了一家公司，但是股东为常江和常江母亲，郭晓梅任经理。

　　他们还以经营所得购买了一套房屋，登记在了双方名下。购买房屋后，他们领取了结婚证。婚后，郭晓梅为了照顾家庭，逐渐退出了客运运输经营，辞去了经理职务。

　　结婚四年后，郭晓梅发现常江出轨，双方因此吵闹不休，最终夫妻感情破裂。郭晓梅向法院起诉离婚，认为公司股权及经营收入、房屋中的一半是自己的个人财产，要求分割。而常江主张公司股权与郭晓梅无关，自双方结婚以后，公司取得的经营收入是夫妻共同财产，均用于家庭生活，现在公司有债务，应系共同债务，郭晓梅应共同承担。房屋可以给郭晓梅一半折价款。

　　在案件审理过程中，郭晓梅也没有证据证明自己曾对公司出资。仅有证据只能证明郭晓梅曾在公司任职经理，领取工资收入。而常江主张的共同债务亦无证据证明公司经营用于家庭生活，最终法院认定公司系常江婚前个人财产，归常江所有。对于常江所主张的共同债务未予认可，系公司债务，房屋系共同共有，一人一半。

案例分析

上述案例中，常江与郭晓梅各自出资 5 万元，共同投资经营客运运输，最终在成立公司的时候，常江却将郭晓梅剔除出去，股东挂名为自己及母亲。而郭晓梅与常江之间也没有签署过任何婚前投资协议，无出资证明。故法院无法认定郭晓梅对公司的出资行为。对于常江主张的债务，既然公司已经确认为常江的婚前个人财产，而常江又无证据证明婚后公司产生的经营收入用于夫妻共同生活，故公司所欠的债务系公司的债务，不能认定为夫妻共同债务。

婚姻律师小课堂

投资前明确双方权益，最好签订书面协议

对于婚前共同创业投资中个人财产及个人债务如何界定，若事先对共同创业投资做好安排和规划，并以协议的形式确定下来，这样更有利于明晰个人财产及债务。若事前双方只是口头一说，只顾闷头干事，双方的各自财产早已混为一团，无法厘清，何谈个人财产及债务？若分不清楚，只能按照共同财产、债务来处理了。

俗话说得好，事后补救不如事前预防。

首先，双方在决定婚前共同投资创业时就应商定清楚，各自如何出资、具体投资金额，如何经营，收益、债务如何分配，以上这些都应通过书面协议的方式约定清楚。若无明确约定，对于个人财产、债务的界定就会非常麻烦。

其次，共同投资经营的账务最好清晰明了，不要一团乱麻，否则，财产也极易发生混同。

第三，保留好自己的出资凭证及参与经营的相关证据。

若没有签订任何书面协议，婚前双方共同投资创业，个人财产和夫妻共同财产如何界定？

关于夫妻共同财产的界定，《民法典》第一千零六十二条规定：夫妻在婚姻关系存续期间所得的下列财产，为夫妻的共同财产，归夫妻共同所有：

（一）工资、奖金、劳务报酬；

（二）生产、经营、投资的收益；

（三）知识产权的收益；

（四）继承或者受赠的财产，但本法第一千零六十三条第三项规定的除外；

（五）其他应当归共同所有的财产。

《民法典》第一千零六十三条规定下列财产为夫妻一方的个人财产：

（一）一方的婚前财产；

（二）一方因受到人身损害获得的赔偿或者补偿；

（三）遗嘱或者赠与合同中确定只归一方的财产；

（四）一方专用的生活用品；

（五）其他应当归一方的财产。

根据上述规定可知，若双方在婚前共同创业投资，出资明确且有相应证据如共同投资协议、出资凭证等加以证明，则各自在婚前进行的投资及婚前产生的收益属于各自婚前个人财产，而关于婚前各自的投资在婚后产生的收益，若双方无具体书面约定，则属于夫妻共同财产。

若婚前双方共同投资创业，如何界定个人债务和夫妻共同债务？

双方各自在婚前的投资及婚前产生的收益属于婚前个人财产，但是债务则有不同情形。若双方在婚前因各自的婚前投资以各自名义对外举债，则因此而产生的债务属于各自婚前的个人债务。

关于夫妻共同债务，有三种情形。《民法典》第一千零六十四条规定：夫妻双方共同签名或者夫妻一方事后追认等共同意思表示所负的债务，以及夫妻一方在婚姻关系存续期间个人名义为家庭日常生活需要所负的债务，属于夫妻共同债务。

上述规定明确了"夫妻共债共签原则"，强调了夫妻双方共同签字或者夫妻一方事后追认以及以其他共同意思表示形式所负的债务，属于夫妻共同债务。

由此可见，男女结婚后不能否定夫妻双方的独立人格和独立民事主体地位，即使婚后夫妻财产共有，一方所负债务特别是超出了家庭日常生活需要所负的大额债务，也应当与另一方取得一致意见，或者用于夫妻共同生活，否则不能认定为夫妻共同债务。

因此，夫妻一方在婚姻关系存续期间以个人名义超出家庭日常生活需要所负的债务，不属于夫妻共同债务。但是，债权人能够证明该债务用于夫妻共同生活、共同生产经营或者基于夫妻双方共同意思表示的除外。

具体而言，债务界定可分以下几种不同情形：

（1）婚前双方共同投资创业，若双方对债务有明确的书面约定，则遵循双方的书面约定；

（2）婚前双方共同投资创业，成立了企业，以企业的名义对外举债，则债务属于企业的债务，也非双方的个人债务或共同债务；

（3）婚前双方共同投资创业，双方既未成立企业，也未有书面约定，但各自以自己的名义对外举债，则该债务一般属于各自的个人债务；

（4）婚前双方共同投资创业，后双方登记结婚，则婚前共同投资在婚后产生的债务，如双方有书面约定则从约定；若未有书面约定，则婚后产生的收益属于夫妻共同财产，婚后为共同投资创业举债所产生的债务也属于夫妻共同债务。若双方约定了婚后产生的收益亦属于各自的个人财产，但对于婚后产生的债务未做约定，那么对于婚后产生的债务，若双方共同签字、一方事后追认或用于夫妻共同生活，则属于夫妻共同债务；否则以个人名义对外借款且未用于家庭共同生活，则属于一方的个人债务。

建议准备步入婚姻殿堂的朋友们，如果要和对象一起做生意、投资，哪怕是共同出资买理财产品、炒股票、投基金，也要事先签订具有法律意义上的投资协议，有条件的最好进行公证。对于出现的债务，最好也要厘清是私人债务、个人借款，还是把所借的钱用于共同投资或者两个人的生活。对于后者，留存证据很重要。

再婚：
一方为再婚时，提前做好财务规划

　　再婚，即男女双方再次结婚，其中一方或双方均在此前有过一次或多次婚姻经历（在此特指办理结婚登记的婚姻）。如果你准备再婚，或是在和一个离异过的对象谈恋爱，那真的需要多一个心眼，做好自己的财务规划，最好将自己的婚前财产和对方先说清楚，能签婚前协议就签，如果不签，也要和对方把各自的财产关系划分明白，做好自己的财务规划，否则后续会存在风险及纠纷。

　　风险主要在于婚前财产与婚后财产发生混同，婚前个人财产在婚后产生的收益属于个人财产还是共同财产；纠纷主要指的是若双方离婚，财产应如何分割。若婚前财产与婚后财产发生混同，无法区分，则一般会按照夫妻共同财产处理。若未对婚前财产在婚后产生的收益进行约定，若按照法律规定属于夫妻共同财产，都应平均分割。

❤❤❤❤❤❤❤❤❤❤❤❤❤ **典型案例** ❤❤❤❤❤❤❤❤❤❤❤❤❤

　　王雯经过网上婚介平台认识了李小兵。李小兵是一家私企的高管，曾有过一段婚姻，与前妻有一个儿子，儿子由前妻抚养。王雯与李小兵已经到了谈婚论嫁的地步，李小兵对王雯非常好。

　　但是王雯一直有点顾虑，王雯自己有一套尚在还贷的房屋，名下有一家公司，经营得有声有色，收益也非常不错。如果与李小兵结婚，要不要提前做一下财产安排或者签署婚前财产协议呢？但想到李小兵对自己的好，再三考虑之下，最终王雯没有向李小兵提起此事。二人顺利办理了结婚登记手续，步入婚姻生活。

婚后初期，二人感情还很甜蜜。但时日一长，李小兵便开始以工作加班为由不回家，对王雯也越来越不耐烦。长此以往，二人的感情自然生变。王雯发现李小兵不回家并非因工作关系，而是他经常出轨，且有嫖娼行为。王雯非常失望，向李小兵提出离婚，李小兵同意离婚，却提出要分割财产，包括王雯婚前房屋婚后还贷及相应增值部分和王雯名下公司于婚后产生的经营收益。

那么，李小兵提出的财产分割诉求，能否得到法院的支持呢？

❤ ❤ ❤ ❤ ❤ ❤ ❤ ❤ ❤ ❤ **案例分析** ❤ ❤ ❤ ❤ ❤ ❤ ❤ ❤ ❤ ❤

再婚主要涉及财产归属及如何分割的问题。《民法典》第一千零六十二条对夫妻在婚姻关系存续期间共同财产的范围进行了规定。而且，夫妻对共同财产有平等的处理权。《民法典》第一千零八十七条规定：离婚时，夫妻的共同财产由双方协议处理；协议不成的，由人民法院根据财产的具体情况，按照照顾子女、女方和无过错方权益的原则判决。

根据上述规定，王雯名下公司虽属于其婚前个人财产，但其婚后产生的经营收益属于夫妻共同财产，在离婚时应当予以平分，故李小兵有权主张分割公司婚后产生的经营收益。

关于王雯婚前的个人房屋，该房屋在婚后尚有贷款仍在偿还，根据《最高人民法院关于适用〈中华人民共和国民法典〉婚姻家庭编的解释（一）》第七十八条的规定，对于该房屋在双方婚后共同还贷支付的款项及其相对应财产增值部分，李小兵有权主张分得一半，房屋登记在王雯名下，由王雯向李小兵支付相应的折价款。

面对这样的咨询结果，王雯后悔不已，如果在当初结婚前，提前对自己的财产做出安排就好了，以后也不会遇到这么糟心的事情。

再婚前的财产安全隔离

在准备再婚或者结婚对象为再婚时，建议大家一定要保持谨慎，最好对自己的婚前个人财产做好安排规划。

像上述案例中提到的房产类型，在有能力的前提下，王雯完全可以在结婚前将房屋贷款偿还完毕，这样，男方就无法分割婚后共同还贷及对应的增值了。

因此，在财产规划方面，比较好的方式是女方与男方通过签署婚前或婚内财产约定协议的方式对各自的财产以及婚后取得的财产的权属归属做出约定，如此也可放心走入婚姻了。

那么，对于要与再婚人士步入婚姻殿堂的人来说，签署婚前或婚内财产约定协议要注意什么？又要规避哪些风险？

1. 形式上，一定要采用书面形式，立字为证

签署婚前或婚内财产约定协议，首先必须采用书面形式，白纸黑字写出来；其次，为了避免协议有被篡改的可能性，最好双方在每一页上都签字，并注明日期；第三，如果协议主文是对方手写，那么，行间或句尾、段末等尽量不要留太多空白的地方，免得对方随意手写添加不利的内容；第四，内容表述一定要清楚明确，不要有歧义。

2. 内容上，要注意四点

第一，尽量单纯就财产归属进行约定，不要附加任何限制条件，特别是在财产约定部分。

比如，约定如果双方离婚，则房屋归一方所有，这种约定中财产处理是以离婚为前提的，属于对人身自由的限制，因此不具有法律效力。

第二，如果非要附加条件，所附条件要符合法律规定与公序良俗，不要出现明显限制人身权利的条款。

比如"一方提离婚，协议无效""谁提离婚，谁净身出户"等，这类条款限制了离婚自由、婚恋自由，违反法律规定和公序良俗，都是无效的。

第三，对于财产的分配尽量局限在夫妻之间，约定房产归属要及时过户或办理公证手续，尤其一方婚前财产约定为另一方所有的情况下。

夫妻财产约定中明确约定夫妻一方将其婚前财产约定给另一方，此类约定本质上属于赠与。如果夫妻财产约定未经过公证，也不存在其他法定不得撤销的情形，赠与人是可以撤销赠与的，一旦对方撤销赠与，等于白约定。所以，如果约定一方婚前购买的房或车只归另一方所有时，应及时办理过户或办理公证手续。

还有一种情况，夫妻都觉得财产给对方不放心，于是就想变通一下，把财产给孩子，但父母将财产给孩子，也属于赠与。所以签订协议后，同样要么过户，要么办理公证手续，否则同样可能被撤销。

当然，要注意的是，如果原本就是夫妻共同财产，就不存在赠与的问题，所以，如果是夫妻共同财产约定归一方所有，实际上是双方对夫妻共同财产的内部分配，而非赠与行为，无法撤销。

第四，协议内容要相对公平合理，最好不要显失公平。

若一方利用另一方处于危困状态、缺乏判断能力等情形，致使双方签署的协议显失公平，如所有财产归一方所有，所有债务由另一方负担，这样就会导致协议显失公平，侵害另一方的合法权益，利益受损方可以对方利用其处于危困状态、缺乏判断能力等情形导致协议显失公平为由，在知道或应当知道撤销事由之日起一年内行使撤销权，请求法院撤销该协议，若到期未行使该权利，则撤销权消灭，权利受损一方将无法再主张撤销该协议，即使提起诉讼，法院也受理了案件，但也会被驳回诉求。

同样，如果财产约定协议签署时存在胁迫情形的，也会对协议的效力产生影响，所以，如果你被逼无奈签订了某些"不平等条约"，一定注意搜集相关被胁迫的证据，可以在当时报警或事后报警，也要记得在自胁迫行为终止之日起一年内行使撤销权，请求法院撤销财产约定协议。

在进行婚前财产规划时，当事人最好咨询婚姻家事业务领域的律师，无论上述的财产约定协议，还是遗嘱、意定监护协议，都有严格的法律形式及内容上的要求，若当事人随便写了一份协议且签了字，但是因属于协议不符合法律规定的形式要件及实质要件，导致协议无效，最终损失财产的是签订人自己。

通过一系列案例可以看出，婚姻不出问题夫妻双方还能相安无事，一旦出了问题，解决财产分割问题是第一要务。

所以，在这里奉劝那些准备再婚或与再婚人士结婚的人，要在婚前对自己的私有财产进行一下法律意义上的隔离，这样在遇到离婚时，就不会因为财产损失而苦恼了。

买房和装修

你是婚前自己购买的房，还是婚后共同购买的房？是一方出首付、共同还贷，还是共同出资、共同还贷？对方购房后，你是不是"勇敢"地承担了装修的责任？

走入婚姻殿堂前，买房是众多新人的入门功课。一般来说，婚前大家都会准备买一处新房，以备结婚之用。但是，购房学问多，尤其是要规避日后可能因为离婚而产生的风险，建议大家多站在法律的角度考虑问题，把婚前房产厘清，也不要轻易许诺做"扶贫式装修"。

结婚这事定下来了，还是得买个房子再结婚。婚房我们准备，装修你们负责。

这可不行，先领证再买房。买房和装修，小夫妻俩一起 AA！

小芳，你怎么看？

我听我爸妈的……

姑娘别犯傻！要是"男方买房，女方装修"你就亏大了。如果男方婚前全款买房，根据婚姻法规定，这个房子跟女方没有任何关系。而且装修部分本身不具备增值能力，即便在财产分配时按照当下的市场标准对装修部分予以估算，折旧后分配给女方，资产也会相应缩水。所以，一旦婚姻出现危机，受损失最大的一定是女方。

要么男方自觉地把装修和家电弄好，女方也不要想着在男方婚前全款房上加自己名字。同样的，如果男方婚前只给了首付，以后女方需要一起还房贷，就理应加上女方的名字，以后就算走到离婚的地步，两人也都可以得到应有的财产份额。

NO！

男方买房 女方装修

婚前买房须知

婚前买房，是个大学问。尤其是当一个人出全资买房后，将名字写在两个人的名下，如果日后要离婚时，出资者会面临财产上的损失。

所以，婚前买房时，在可能的情况下，最好和相爱的一方把婚前财产和婚后财产进行隔离，区分清楚，也就是遵守谁出资谁受益的原则，不将个人财产和夫妻共同财产混为一谈。

•••••••••••••••• 典型案例 ••••••••••••••••

张巍与林琳在美国相识，相识后不久便确立了恋爱关系。在恋爱期间，双方打算在国内买房，以便将来回国时居住。

双方当时都在国外，于是共同委托林琳的姐姐林岚在国内帮忙购房并办理相关购房事宜。双方选好房屋后，张巍分两次通过自己的银行账户向林岚转账共计400万元，用于购房及房屋装修。房屋购买之后，登记在了张巍和林琳双方名下，双方也没有约定房屋份额。因二人长期在国外生活，林岚在对房屋简单装修之后，住进了该房屋。

购房之后，二人在美国领取了结婚证，但婚姻维持了不到两年，双方便在美国离婚。

离婚后，张巍向国内法院提起共有物分割纠纷诉讼，要求将房屋判归张巍所有，林琳配合办理房屋过户手续。

经法庭审理，双方没有对房屋约定份额，视为双方对房屋共同共有，涉案房屋的购房款主要来源于原告张巍，张巍对房屋贡献较大，在分割房屋时应适当多分，被告适当少分。最终张巍分得 60%，林琳分得 40% 较为合理。

另根据本案房屋实际情况，涉案房屋判归林琳所有，由林琳给付张巍折价款较为合理。拿到判决后，张巍觉得很不公平，自己全款出资买房，却没想到房子判给了女方。

♥♥♥♥♥♥♥♥♥♥♥♥♥♥♥ **案例分析** ♥♥♥♥♥♥♥♥♥♥♥♥♥♥♥

在上述案例中，张巍与林琳在婚前买房，张巍全额出资，但房屋登记在了双方名下，且没有约定份额。根据《民法典》相关规定，涉案房屋登记为张巍、林琳共有，而双方对共有的不动产未约定份额。但双方系恋爱关系，有结婚打算，且在购房不久后便登记结婚，双方具有家庭关系。

因此，法院认定房屋系双方共同所有，考虑到张巍在房屋出资上贡献较大，因此张巍适当多分；而房屋实际由林琳的姐姐林岚居住，并非用于投资，基于房屋实际居住情况，法院将房屋判给了林琳。

可见，婚前如何出资购房，房产登记在谁的名下，房屋具体由谁居住使用，以上这些对于未来如果面临离婚时房产该如何分割，都有着重要的影响。所以，若个人有能力也有意愿在婚前购房，那么就需要提前做好规划了，好好了解一下婚前应该如何购房。

个人在婚前购买的房屋在婚后可能产生的风险

结合《民法典》相关规定和司法实践来看，个人在婚前购买的房屋在婚后会发生种种变化和风险，但是，若一方或者双方均在婚前全款购房或者贷款购房但在婚前还清贷款，根据《民法典》规定，婚前财产为夫妻一方的个人财产。所以这种情形下，房屋登记在自己名下的（无论婚前还是婚后取得房本），则该房屋完全属于该方的婚前个人财产，产生纠纷的风险很小。但是，若一方婚前非全款购房、在婚后存在以下三种情况，就很可能会产生相应风险。

第一种情形，结婚前夫妻一方已支付房屋首付款，并向银行申请贷款，房屋登记在该方名下，婚后用夫妻共同财产还贷，则房产认定为产权登记方的个人财产。而夫妻二人共同支付的贷款及房屋相对应的财产增值部分，则属于夫妻共同财产，另一方有权分割一半。

第二种情形，若一方婚前出资购房，但因出资方不具备购房条件，故以对方名义购房，登记在了对方名下，房屋则可能会被认定为属于对方所有，至于出资如何定性，要看具体证据；若双方以结婚为目的购房，最终也办理结婚登记，则可能将房屋按共同共有处理；如果双方有协议约定房屋属于出资方所有，则遵循协议约定，房屋属于出资方个人所有。

第三种情形，若一方婚前贷款购房，婚后双方共同还贷，之后将该婚前房产出售，用部分售房款及自己手中的存款又买了一套房屋，登记在了双方名下，则该房屋极有可能就被认定为夫妻共同财产。因婚前财产与婚后财产发生混同，无法区分，且登记在双方名下，所以房屋就被认定为夫妻共同财产了。

个人在婚前购房应注意哪些问题呢？

1. 个人购房，要注意买房时间

鉴于现在的住房限购政策，若男女双方在结婚前有一定的经济能力，或者在父母的帮助下，均可以考虑在领证结婚前先行购买房屋。

若是正值双方谈恋爱或者谈婚论嫁期间，彼此最好沟通一下，不要隐瞒对方，这也是对彼此的尊重，否则，事后露馅更可能影响双方的感情。

2. 共同购房，要对出资、份额、权属进行书面约定

若一方全部出资购房或者购房的出资比较复杂，双方有所担心，也可对房屋的出资、权属、份额进行书面约定，并进行公证，约定清楚了，双方也就放心了。若此后双方发生纠纷，也有当初签署的书面约定作为依据或证据，如此更有利于保护各方的合法权益。

但协议的拟定和签署，最好咨询专业的婚姻律师或者委托律师来起草协议，避开可能出现的风险；或者协议虽然签署了，但最终却不具有法律效力或者虽有效却没有达到自己原本想要的目的，签了也等于没签。

3. 房屋登记在谁名下会影响到房屋的归属

在双方恋爱期间，彼此打算结婚的前提下，在婚前购房，但房屋登记在谁名下，这在实践中也极容易引发房屋归属争议。所以，婚前如在双方商定、共同出资的情况下购房，最好商定好房屋归属。就不动产而言，根据《民法典》的相关规定，不动产以登记为准，所以房屋登记在谁的名下，房屋的所有权人就是谁。

比如，若双方在同居生活期间购房，双方均进行了出资，房屋也登记在二人名下，房屋应属于双方共有，但具体是一般共有还是共同共有，则需要看具

体情况。如无相关书面协议或公证文件，但是双方各自出资金额明确，且有证据加以证明，一般可能会按照双方的出资比例来确定各自所占有的房屋份额；但若无书面协议约定，各自的出资金额也不明确，那么很可能会认定房屋一人一半，若双方后来登记结婚，在离婚时，极有可能将房屋认定为夫妻共同财产。

综上，我们可以看出，如若婚前买房，最好是谁出资购房，就将房产登记在谁名下。

警惕扶贫式装修

"扶贫式装修"，大意是双方结婚，一方负责购买房屋，买房后没钱了或者出于其他原因考虑，就让另一方来负责房屋的装修。如果两个人好好过日子，自然不会有什么问题。但是，如果这两个人感情生变，面临离婚，那么，另一方付出的装修费用多半就要打水漂，要不回来了。对于出资装修的一方来说，自然心中不忿，凭什么自己出的装修费用要不回来。

这是为什么呢？通过下面这个案例的分析，大家就会找到答案。

❤❤❤❤❤❤❤❤❤❤❤❤ **典型案例** ❤❤❤❤❤❤❤❤❤❤❤❤

关晓倩与方舟通过朋友介绍相识，二人经过一段时间相处后发展为恋人关系，又经过一年时间的相处之后，双方决定结婚，两家父母也同意双方的婚事。

经过两家商量，男方家出钱买房作为婚房，女方家负责出钱对房屋进行装修。在男方家购买房屋之后，二人便先领取了结婚证，待女方父母装修好房屋之后，二人再举行婚礼。

婚后，双方感情尚可，但不到两年，关晓倩发现方舟出轨，就提出离婚，要求分割财产。

方舟称房屋是父母婚前全款购买，登记在方舟个人名下的，是方舟婚前个人财产，与关晓倩无关，没什么财产可分。

关晓倩傻眼了："就算房子是你的，那房屋装修呢？那是我父母出钱装修的。"她要求方舟返还装修时花费的全部款项。

方舟是否应该返还，如果应该返还，又该如何返还呢？

••••••••••••• **案例分析** •••••••••••••

上述案例中，方舟父母在他与关晓情领证结婚前，全款出资购买了房屋，登记在了方舟名下，根据相关法律规定，该房屋确实是方舟的婚前个人财产，与关晓情无关，关晓情无法分割房屋。

而关晓情父母在双方婚后出资对该房屋进行了装修。装修属于对房屋的添附，已经与房屋成为一体，不适宜分离。而且，关晓情父母的出资系在婚后，一般情况下，当事人也不会想到以后会遇到离婚，怎么可能会保存当初装修花费的相关凭证，又如何证明是谁出资进行的装修呢。因此，如无特殊约定，该出资系对关晓情与方舟二人的赠与，属于夫妻共同财产，即使分割也是一人一半。而且，无法按照当时装修的出资进行分割，因房屋的装修会贬值，时间越长，贬值越多。因此，对于装修的分割，也只能按照现在的价值进行分割。因此，关晓情只能分得房屋装修现价值的一半。

如此看来，男方基本没什么损失，女方家则亏大了，这就是现在所谓的"扶贫式装修"，这里面有什么需要避开的坑呢？该如何避免陷入这种"扶贫式装修"呢？

"扶贫式装修"是近年来新出现的网络热词，因为近几年房价的攀升，父母为子女结婚购房可能已经耗尽了父母所有的积蓄，所以，渐渐地就有了这种"一方负责出资购房，另一方负责出资装修"的惯例了。

"扶贫式装修"，主要指的是男女双方谈婚论嫁时，一方承诺出资买房，要求另一方出资负责装修房屋，但是在离婚时，往往房屋仍归出资一方所有，但是，对于装修房屋的出资，另一方却要不回来，可能只能按房屋装修的现价值主张折价返还。

然而，大概率情况下，房屋基本都是升值的，但房屋的装修则正好相反，一般都是贬值的。所以，如果一方婚前出资购房且将房屋登记在出资方名下，另一方出资装修，对于出资装修的一方来说，是很吃亏的。建议双方可以一起商量共同出资买房，一起出资装修房屋，尽量不要自己一方单独出资装修对方的房屋。

如何避免陷入"扶贫式装修"的大坑？

第一，要注意隔离自己的婚前财产，不要投资在对方个人房屋的装修上。

女方的婚前财产一般包括两个来源：一是女方父母婚前赠送女方的财产；二是女方自己积攒的财产。在男女双方谈婚论嫁时，有一项习俗对于女方而言较为特殊，那就是女方陪嫁的嫁妆。嫁妆是我国重要的传统婚俗。送嫁妆也要讲究时间，依据习俗，嫁妆一般是在婚礼当天随女方到男方家里。但从法律上来说，注重的时间点则是送嫁妆是领证前后，而不是婚礼时间。如若在领证后赠与嫁妆，则嫁妆很大可能会被认定为夫妻共同财产，若在领证前赠送嫁妆，则是女方婚前个人财产。所以，女方家在送女儿嫁妆时，建议可以在领证前就把嫁妆给了自己女儿，从法律意义上来说，这样就是对女儿个人的赠与，是女方的婚前个人财产了。

除去嫁妆这类有特殊意义的赠与外，父母还可能直接通过出资装修款项等方式来帮助夫妻俩婚后的生活，这样的方式我们就要特别注意：出资置办装修家具要谨慎。

　　婚前一方负责购买结婚用房、另一方负责装修房屋，已经是很多地方的婚嫁习俗，装修投入也很容易变成双方的夫妻共同财产，如果遇到离婚时，面临一人分一半的可能。所以，建议一方最好不要将自己婚前的个人财产用于另一方个人所有的房屋的装修上，也不要让父母出资装修另一方个人所有的房屋。当然，如果双方都愿意两家一起出资购买婚房、装修房屋，而且将房屋登记在双方名下，这自然是最好的。如果一方不愿意，那就要慎重考虑双方的婚事了。

　　第二，如果一方以自己的财产或在自己父母的资助下对于另一方个人所有的房屋进行了出资装修，那么最好保存好相关的装修凭证、付款凭证，或者双方进行书面约定。

　　在装修时，可以选择正规的整修公司，签订装修合同，支付装修费用时，最好通过银行、微信或支付宝转账等可以保留交易记录的方式支付装修费用，并且保存好相关的凭证。当然，双方也可以对装修进行书面约定。如此，才可能在遭遇离婚时，尽可能减少自己的损失。

　　所以，在进入婚姻时，还是要保持头脑清醒为好，注意保护自己的婚前个人财产，不要头脑发昏，将自己的个人财产用于装修对方个人所有的房屋上。因为，装修不仅不增值反而会贬值。而且，在离婚时，想按照原来装修时所花费用要回自己所出的装修出资会很难。

　　实际上，扶贫式装修仅仅是扶贫式婚姻中的一种表现形式。扶贫式婚姻主要指男女双方中，一方家庭较为困难，另一方以自己的财产或者父母的资助来帮助家庭困难一方脱贫甚至过上好的生活。除扶贫式装修之外，扶贫式婚姻还有很多其他表现形式，如扶贫式嫁妆、扶贫式购车等。

　　综上，婚姻原本应是双方相互扶持、相互帮助，若只是一方一味付出，而另一方只知道索取，这样的婚姻会存在很大隐患，一般都不会长久。所以，进入婚姻时还是要慎重考虑，避免陷入诸如扶贫式装修这样的扶贫式婚姻。

彩礼和嫁妆

中国是礼的国度。婚姻中有"六礼"之说，从周朝起就有了明确的记载，一直沿用至今，指导国人几千年。在"六礼"中就将婚姻中的彩礼做了规定，当然也涵盖了嫁妆，只是与彩礼相比，嫁妆的规定很少，几乎没有。

由此看来，彩礼和嫁妆对于即将步入婚姻殿堂的人来说，是基本的礼仪。

但是，随着社会的发展、文明的进步，同时也伴随着离婚率的升高，彩礼和嫁妆的问题也引发了很多法律问题，很多离婚的夫妻因为彩礼和嫁妆的问题纠缠不清。

在我们国家倡导"和谐家风"、维护和谐婚姻的当下，对于高价彩礼和嫁妆等封建陋习进行了批判。那么，在我们倡导现代文明婚姻的今天，该如何收取彩礼，如何准备嫁妆呢？

小芳，我们不如选择新式婚姻？不给彩礼，不拿嫁妆，也不大办婚礼，再搞个旅游结婚。

什么?!

现在结个婚怎么那么贵，男人真是伤不起。你爸妈多少也得赞助些吧，他们打算出多少嫁妆？

那要看你家出多少彩礼，礼尚往来嘛。

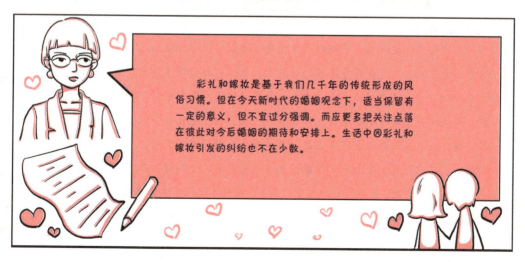

彩礼和嫁妆是基于我们几千年的传统形成的风俗习惯。但在今天新时代的婚姻观念下，适当保留有一定的意义，但不宜过分强调。而应更多把关注点落在彼此对今后婚姻的期待和安排上。生活中因彩礼和嫁妆引发的纠纷也不在少数。

收彩礼的智慧

　　彩礼是我国从古至今一直存在的婚嫁习俗之一，但现如今的法律就"是否收取彩礼及收多少彩礼"等问题并没有做出相应的法律规定。然而在现实生活中，男女双方谈婚论嫁时论及彩礼还是很常见的，毕竟是自古以来就存在的习俗，有些农村地区甚至盛行高价彩礼，这都和传统观念有很大关系，也和当地风俗有关，当然更和男女社会地位的较大差异相关。在很多地方，收取高额的彩礼是为父母争脸面的事情。所以，也有因为过于注重彩礼的不良风气，使得有些原本可以成就的婚姻最终却因为高价彩礼而止步。

　　彩礼该不该收？收多少合适？还是需要两个家庭根据实际经济收入而定，量力而行，不要应为彩礼问题影响双方的感情甚至婚姻。更何况依据我国现有的法律规定来看，是不太提倡彩礼这一习俗的。

• • • • • • • • • • • • • • **典型案例** • • • • • • • • • • • • •

　　王倩与周晓斌是在大学期间确定恋爱关系的。大学毕业后工作了两三年，双方决定结婚。但是在商量婚事的过程中，双方家庭出现了矛盾。王倩家主张要18万元彩礼，而周晓斌家无力支付这么多的彩礼，尽力凑也只能凑10万元左右。周晓斌出生在一个小县城，家庭条件一般，为了他结婚，家里好不容易凑够了钱，在他工作的省会城市买了一套房屋，支付了房屋首付，并对房屋进行了装修，家中已再无余力为他准备这么多的彩礼钱。更何况，二人后续办婚礼也需要花费不少钱，是一笔大的支出。而王倩家也不退让，双方就此陷入僵持，婚事也拖延了下来。

❤❤❤❤❤❤❤❤❤❤❤❤❤❤ **案例分析** ❤❤❤❤❤❤❤❤❤❤❤❤❤❤

彩礼的习俗

　　彩礼是中国传统的婚嫁习俗，是指男女双方在缔结婚约过程中，男方以结婚为目的，基于当地习俗，于婚前给付女方数额较大的财产。

　　而我国法律对于彩礼给付问题并无强制性规定，如果男女双方及各自家庭就彩礼问题协商一致，法律尊重当事人自己的意愿，不会横加干涉。因此，是否该收取彩礼以及收多少合适，均由男女双方及其各自家庭自行协商，没有统一的衡量标准。

　　给不给、收不收、给多少、收多少都要看各自家庭本身的意愿，家庭条件好的可以多一些，家庭条件一般的就可以少一些，彼此都是为了儿女幸福，若因彩礼问题导致两家伤了和气，子女的婚姻生活也可能会受到影响。

　　彩礼，是我国古代婚礼程序之一，又称财礼、聘礼、聘财等。我国自古以来婚姻的缔结，就有男方在婚姻约定初步达成时向女方赠送聘金、聘礼的习俗，这种聘金、聘礼俗称"彩礼"。西周时确立并为历朝所沿袭的"六礼"婚姻制度，是"彩礼"习俗的来源。"六礼"即：纳采、问名、纳吉、纳征、请期、亲迎。六礼中的"纳征"是送聘财，就相当于现在所讲的"彩礼"。这种婚姻形式一直延续至今。现如今，男方给女方的彩礼一般就是钱财，各地基本都是如此，差别只在于金额的多少，毕竟各地经济发展水平不一致，彩礼数额自然也各有不同。

"女方是否应该要彩礼？"

这个问题没有统一的答案。现实中也不可能一刀切地说对与不对，或者应该不应该。既然出现了这种现象或者习俗，也自然有它存在的合理性。

这个合理性一般是从彩礼的用途来解释的。比如女方收了彩礼是作为结婚时的费用使用的；有的彩礼的一部分还会返还，也就是作为女方的陪嫁钱，其实到最后都是新人双方的财产；也有的是表示对女方父母的尊重和感恩，把女儿养大却不能陪在自己身边，好像是补偿性质的；也有一种面子问题包含在彩礼里面，好像收不到男方的彩礼，在亲戚邻居面前就很没面子似的。

这些说法，每一种都不好说是对还是错，但如果索要彩礼过分，则会使双方感情产生裂痕，进而影响今后的婚姻生活。

法无禁止皆可为。涉及是否应该送或者应该要彩礼的问题上，现行法律并没有做出规定，所以法律既然没有禁止，赠送或收取彩礼自然是可以的。既然可以赠送或收取彩礼，那么，彩礼金额多少该如何掌握，则是这个问题的关键。

"如何把握彩礼金额？"

我国也倡导简约适当的婚礼习俗，反对利用婚姻敛财，抵制天价彩礼、低俗婚闹等不正之风。建议男女双方在彩礼问题上还是应平等友好协商，量力而行，可以参照当地习俗，更应结合对方的家庭条件，在可承受的范围之内赠送或收取彩礼。

如果彩礼太多，男方家里负担不起，两家也会因此产生隔阂，闹得不愉快。而男方如果为此举债，双方婚后可能还得一起偿还，这样就得不偿失了。

一般情况下，在双方协商之后，都能确定一个双方都满意的金额，婚礼也就可以顺利地举办。但是也不排除出现因为女方要彩礼而引发分歧和矛盾的情况。比如，女方明知男方家里钱不多，非得催着逼着男方出超过其承受能力的彩礼金额。

这种情况，容易给男方留下心理阴影，即使凑够了彩礼，达到了结婚的目的，也会积压一些负面情绪，影响婚后生活。

近年来，因彩礼习俗引发的纠纷和问题日益增多，如有的父母为了收取彩礼，买卖婚姻，一些农村地区更是盛行"天价彩礼"之风，这些现象严重败坏社会风气，引发了人们极大的讨论和热议，也使得彩礼这一婚嫁习俗引发的诸多问题一再凸显在大众面前，引发人们关注。

我国《民法典》第一千零四十二条第一款规定：禁止包办、买卖婚姻和其他干涉婚姻自由的行为。禁止借婚姻索取财物。2020年5月，民政部印发《关于开展婚俗改革试点工作的指导意见》，开展对天价彩礼、铺张浪费、低俗婚闹、随礼攀比等不正之风的整治，由此可见国家对于天价彩礼等不正之风进行整治的态度和决心。响应国家政策，各地也纷纷出台相关的政策整治不良的彩礼风气，如采取扶贫方式，提高农民素质，宣传现代文明新观念，打击职业媒婆、买卖婚姻的行为。

婚没结成，彩礼该不该退？

彩礼给了，婚没结成，送出的彩礼该怎么办？还能要回来吗？近年来，因彩礼引发的纠纷越来越多，从法律角度来看，有的彩礼要返还，有的彩礼不用返还，是否返还彩礼要看具体事件发生的情况来判断。法律上也规定了什么情况下彩礼要返还，什么情况下彩礼不用返还。

通过下面这个案例，我们可以得出一个结论，那就是给彩礼也要给得明明白白。

❤❤❤❤❤❤❤❤❤❤ 典型案例 ❤❤❤❤❤❤❤❤❤❤

李冉与何旭通过媒人介绍相识，经过半年多时间的短暂相处，二人便决定结婚。在结婚之前，双方及家人举行了订婚仪式。在订婚仪式上，何旭及其家人在媒人的见证下通过银行转账的方式给付李冉彩礼 10 万元，并准备了三金首饰交给李冉。

订婚后，双方就在一起同居生活了。在同居期间，何旭发现双方生活习惯差距很大，何旭生活比较规律，早睡早起，也经常锻炼身体。而李冉属于夜猫子，习惯晚睡晚起。双方的兴趣爱好也都不尽相同。

因此，在生活中，双方经常因各种事情发生争执，三天一小吵，五天一大吵，而且双方一吵架，李冉便回娘家生活，不管是谁的错，每次都需要何旭去李冉父母家向李冉道歉，再将李冉接回来。

经过一段时间的同居生活，何旭觉得自己与李冉无论在哪一方面都不合适，现在同居都已经这样了，如果结婚，双方的婚姻也可能最终走不下去。

于是，经过慎重考虑，何旭向李冉提出分手，并解除双方婚约，同时希望李冉返还彩礼。那婚没结成，对方要收回彩礼，该不该退？

❤ ❤ ❤ ❤ ❤ ❤ ❤ ❤ ❤ ❤ **案例分析** ❤ ❤ ❤ ❤ ❤ ❤ ❤ ❤ ❤ ❤

满足这三种情况应当退回彩礼

上述案例中，何旭与李冉虽已决定结婚，也办理了订婚仪式，何旭家向李冉支付了10万元彩礼，但是双方尚未办理结婚登记、领取结婚证，在结婚前，双方因故分手，解除婚约。

以上给付彩礼的事实，都有媒人在场见证，亦有相应的银行转账凭证加以证明。

根据《最高人民法院关于适用〈中华人民共和国民法典〉婚姻家庭编的解释（一）》第五条的规定：当事人请求返还按照习俗给付的彩礼的，如果查明属于以下情形，人民法院应当予以支持：

（一）双方未办理结婚登记手续；

（二）双方办理结婚登记手续但未共同生活；

（三）婚前给付并导致给付人生活困难。适用前款第二项、第三项的规定，应当以双方离婚为条件。

本案中，何旭与李冉未办理结婚登记手续，故何旭主张李冉返还彩礼10万元，李冉应予以退还彩礼。若李冉不同意返还，则何旭可向法院提起婚约财产纠纷诉讼，主张李冉返还彩礼。当然，如果在双方共同生活期间，李冉亦将彩礼用于双方共同生活花费，则李冉可主张扣除相应的支出，但需要相关的消费证据加以证明。

婚没有结成，如果男方家已向女方给付了彩礼；已经结婚但未共同生活；给付彩礼导致给付方生活困难，在这三种情形下，根据《最高人民法院关于适用〈中华人民共和国民法典〉婚姻家庭编的解释（一）》第五条的规定，女方应予以返还彩礼。

一般对于男方家庭而言，彩礼是一笔不小的数目，有的家庭为了凑足彩礼，需要向亲朋好友借钱，有的甚至直接向银行贷款。若婚后双方生活幸福美满则好说，若婚后双方感情破裂，面临离婚，男方家庭如何承受彩礼之重呢？！

什么情形下彩礼可以不返还？

有些情形女方可不返还彩礼，但也不绝对，还要具体情况具体分析。主要有以下四种情形。

（1）已经登记结婚并共同生活的。

（2）男女双方未办理结婚登记手续而同居生活时间较长的，一般至少共同生活三年到五年及以上，且有证据证明彩礼已全部用于双方同居生活期间的支出。

一方面，接受的彩礼已经在共同生活中花费掉，其权利的客体已经不存在，属于返还不能；另一方面，彩礼用于共同生活，事实上已经与"夫妻"共同财产相混同，也不应当返还。

（3）男女双方未办理结婚登记手续而在同居生活期间生育子女的，且有证据证明彩礼已全部用于双方同居生活支出。

男女双方同居生活，虽然没有办理结婚登记手续，但是双方的"婚姻"生活因生育子女而更加牢固，因生育子女而更能成为一个名副其实的家庭。如果双方解除这种所谓的"婚姻"关系，将会给女方造成更大的伤害。而且，彩礼也已经在双方同居期间花费完毕。此种情况下，彩礼也可酌情不予返还。

（4）在婚约存续期间，婚约当事人死亡的。

因为男女双方订立婚约后，就以未婚夫妻的名义交往，在交往过程中，双方都在为将来缔结婚姻做着准备，其中一方因病或其他意外事故死亡，也会给对方带来很大的痛苦。这种情况下婚约的解除并不是当事人的意愿，如果再将彩礼予以返还，就有点不近人情，与风俗习惯相违背。这里需要注明的是，在死亡前已经起诉的应予除外。

需要注意的是，男女双方或其近亲属在共同消费中由男方支付的费用既不属于婚前赠与，也不属于彩礼。人民法院对于当事人诉请返还彩礼的条件，应当首先根据双方或收受钱款一方所在地的当地实际及个案情况，确定是否存在必须给付彩礼方能缔结婚姻关系的风俗习惯，否则只能按照赠与进行处理。

彩礼交付时的三点注意事项

如果男女双方虽订立婚约，男方向女方给付了彩礼，但最终没有结婚，或者结婚后双方没有共同生活，或者婚前给付彩礼导致男方家庭生活困难的，在这三种情况下，女方需要向男方返还彩礼。

从男方的角度而言，若男方主张返还彩礼，男方需要证明其向女方给付彩礼的事实。因此，在给付彩礼时，应注意以下几点。

（1）彩礼需要在领证结婚前给付。

（2）彩礼款项最好比较集中，一两次为宜，不要太零散。

（3）给付彩礼时，最好有中间人或媒人在场，通过银行转账的方式给付，且可以备注彩礼。

从女方的角度而言，若彩礼已用于双方共同的合理消费，如双方举办婚礼，购买结婚所用物品，一起旅行游玩，或者女方怀孕生子等，女方可以保留或收集相关的消费凭证，主张从彩礼总额中予以扣除。

从法律规定来看，对于彩礼要不要返还的问题，制度设计还是具有很强烈的现实意义和人情味的，也是从保护弱势群体的角度出发来考量法律的制定和适用。

读完这个案例和相关的解释，相信大家对彩礼有了清晰的认识：给彩礼的一方要给得明白，接受彩礼的一方也要接受得坦然。

准备嫁妆的正确做法

在男女婚姻中，只要是正常的嫁娶，一定会涉及彩礼和嫁妆，这也是男女之间礼尚往来的体现。所以，一般女方家里都会为女儿准备一些嫁妆，涉及家装费用或是一些家用电器等。

但是，为了避免日后婚姻出现危机时在嫁妆问题上纠缠不清，建议准备步入婚姻的女性及其家人事前做好预防，规避今后可能因嫁妆归属而引发的纠纷。所以，要做好预设机制，有明确的嫁妆清单。

以下这个案例从一个侧面说明了在嫁妆的问题上要如何避免入坑。

❤❤❤❤❤❤❤❤❤❤❤ **典型案例** ❤❤❤❤❤❤❤❤❤❤❤

王博与乔青经人介绍相识，经过短暂相处，二人确立了婚约关系。不久后，双方按照风俗举办了结婚仪式，但没有办理结婚登记手续。

在二人订婚时，王博家人向乔青及其父母支付彩礼 20 万元。在双方办理结婚典礼时，乔青的嫁妆有电视机、洗衣机、冰箱、空调、沙发、茶几、十床被子。举行婚礼后，双方开始同居生活。

在同居还不到两年的时候，乔青便发现王博有赌博恶习，经常参与线上赌博。乔青多次劝说无用后，便回娘家生活，并决定与王博分手，王博虽尝试挽回，但乔青觉得赌博是个无底洞，不同意和好。

王博眼看乔青铁了心要分手，便要求乔青返还全部彩礼。但在双方同居生活期间，因王博没有稳定工作，而且还有赌债，乔青收入也不高，家里基本上靠彩礼维持生活，彩礼也有部分用于帮王博偿还赌债，所剩不多。双方协商不成，王博一纸诉状将乔青诉至法院，要求她返还全部彩礼。

在诉讼过程中，乔青主张双方虽未领取结婚证，但已共同生活将近两年，所收彩礼大部分已用于共同生活以及帮王博偿还赌债，并向法庭提交了相关的银行交易流水加以证明，乔青同意返还彩礼8万元，但同时主张乔青当时的嫁妆现都在王博家中，要求王博将嫁妆折现，抵扣部分彩礼。

最终，法院经审理判决：乔青返还彩礼8万元，王博返还乔青的嫁妆。

案例分析

嫁妆，一般与彩礼相对应。根据传统习俗，在男女双方结婚时，男方家会向女方赠送财物作为彩礼，而女方在出嫁时，女方家也会给予女方财物作为陪嫁，也就是嫁妆。现代社会的彩礼和嫁妆，其功能主要是为男女双方小家庭未来的生活提供经济支持。

嫁妆和彩礼一般都是在男女双方订立婚约之时或者结婚前赠与。若是在领证后赠与，其法律性质会有所不同，如无特别约定，一般认定为对夫妻双方的赠与，系双方的共同财产，在离婚分割时，应平均分割。

本案中，依据传统婚嫁习俗，男方向女方赠送了彩礼，女方在出嫁时，女方父母也赠送了嫁妆，但因双方未办理结婚登记手续，故王博要求乔青返还彩礼的诉讼请求，法院应予以支持；同时法院也考虑了双方共同生活期间的合理支出及消费，酌情认定返还彩礼8万元。而对于乔青的嫁妆，系领证前乔青父母对乔青的个人赠与，属于其个人财产，王博应予以返还。至于乔青主张的嫁妆折抵彩礼无法律依据，而且双方对彩礼折抵数额也无法达成一致，所以法院没有支持乔青的这一主张。

本案涉及的嫁妆折合成金钱数额不是太大，但是，有的家庭给女儿准备了丰厚的嫁妆，如房子、车子等，还有送女儿大量现金的。如果是这样，如何保障解除婚姻后嫁妆依然为女方所有呢？

1.嫁妆与彩礼的区别

嫁妆是女方家人给女方的财物，一般是结婚当天随女方一同到男方家，而彩礼是男方家于婚前赠与女方的财物。

2.嫁妆可能被认定为婚后赠与，系夫妻共同财产

嫁妆是重要的传统婚俗，送嫁妆在我国很多地方依然有一套严谨的仪式程序，例如必须在婚礼当天送到男方家里。婚礼当天所赠送的嫁妆，从法律上来说就属于婚后赠与，有很大可能会被认定为夫妻共同财产。

那嫁妆到底应该怎么给，才能保证它始终是你的个人财产？建议父母尽量在女儿登记结婚前置办嫁妆，登记在女儿个人名下。

给嫁妆做好四点安全隔离

如何才能使嫁妆成为女方个人婚前财产，做好嫁妆隔离呢？可以从以下几点入手。

第一，婚前买房要全款，且只写女方名字。对于"有钱任性"的女方家庭来说，婚前为女儿出资购买房屋无疑是准备嫁妆的明智选择之一，因为房产的隔离效果最好。要确保房产始终属于女方个人所有，房产应该在婚前全款支付，而且只写女方名字。当然，如果是女方父母买房给女方的话，因为房产的特殊性，送房不必拘泥于登记结婚前，无论是婚前还是婚后购房，只要是全款支付且房产登记在女儿一人名下的，婚后不更名不变卖，这房产的归属就不会改变。

第二，女方家出资装修男方房屋或为房屋置办家具也是女方家常见的准备嫁妆的方式，但是此种方式还是要谨慎为之。虽说这是很多地方的婚嫁习俗，但房屋装修、家具家电是不断贬值的物品，极易使嫁妆发生减损。所以，建议女方家在准备嫁妆时，最好不要将出资装修、置办家具家电作为首选，否则极有可能打水漂。

第三，若嫁妆是现金存款，建议做好隔离处理。婚前所得的现金存款很容易与婚后夫妻共同的现金存款发生混同，若未做好隔离措施，则婚前个人财产很可能会变成婚后夫妻共同财产。如果希望始终隔离自己的个人财产，可以在婚前新开一个银行卡，所有个人财产在婚后都用这个银行卡单独走账，这个银行卡不与其他账户发生金钱往来。

第四，签署婚前财产协议。现在的财富种类越来越丰富，婚前的股票、基金、收藏品可能就很难用前面所说的方法来保全，如此就可以通过婚前财产协议对嫁妆做出约定。就股票来说，即使股票购买于婚前，但只要婚后进行了账户操作，就相当于进行了投资行为，本金是婚前财产，投资收益却是夫妻共同财产，这就有了混同。因此，双方可以签署一份婚前财产协议，例如约定女方名下理财账户里的财产权益都属于女方个人所有等。

以上这些建议如果领会了，就不会跳入嫁妆流失的深坑里。在结婚前，一定要想到"婚姻避险"问题，这不是和对方斗争，而是为了两个人的情感更加清晰明白，也是为了更好地过日子。常言道：谈钱不伤感情。婚前把钱的事情谈明白了，日子才能过踏实。

婚后懂博弈，
亲密关系更平衡

Chapter 02

　　一项研究表明：在婚后的六年里，离婚的夫妻中只有 33% 在实验里迎合了另一半，说明只有十分之三的夫妻想要通过情感交流与对方建立亲密关系。

　　六年后仍然在一起的夫妻有 87% 都在实验里迎合了另一半，原因就是他们能够满足伴侣的情感需求。

　　当一些来自孩子、事业、朋友、亲人等的生活压力堆积在婚姻里，把夫妻之间原本的浪漫与亲密时光挤走的时候，许多夫妻就开始忽视了二人间的情感联系，最终对彼此微不足道的愤懑也会把他们拆散。

　　大多数的婚姻满意度会在婚后的几年里大幅度下降。但体贴和宽容，对于那些互相忍让、相处愉快、一起生活多年的夫妻来说，总是能够对他们的婚姻起到推进作用。

你的婚姻关系有效吗？

　　什么样的婚姻关系才是有效的？在什么样的情况下，两个人的婚姻关系又是无效的？这在法律范畴有严格的界线。比如说，重婚的婚姻是不被法律所保护的，也就是说是无效的。再比如说，没有到法定年龄通过关系领了结婚证并且结婚了，法律上也是无效的。当然，此外还有很多。

三种无效婚姻

无效婚姻有三种，第一种是重婚，违背了我国一夫一妻制的婚姻制度；第二种是男女双方有禁止结婚的亲属关系，违背基本的伦理道德和亲属秩序；第三种是没有达到法定的结婚年龄，即男不满22周岁，女不满20周岁。

重婚，即一方或双方在已有一个法律婚（经过民政局登记结婚的为法律婚）的前提下，与他人再次登记结婚。这种婚姻当然无效，前面我们已经讲过（参考第14页），下面重点讲述另外两种无效婚姻。

近亲属结婚导致的无效婚姻

近亲属结婚主要是指结婚的男女双方存在直系血亲或者三代以内的旁系血亲关系，当然直系血亲包含拟制的直系血亲。

血亲主要指出于同一祖先，有血缘关系的亲属，即自然血亲，例如父母子女间，祖父母、外祖父母与孙子女、外孙子女间；也包括法律拟制的血亲，即虽无血缘联系，但法律确认其与自然血亲有同等的权利义务的亲属，比如养父母与养子女，继父母与受其抚养教育的继子女。

三代以内旁系血亲包括同源于父母的兄弟姊妹（含同父异母、同母异父的兄弟姊妹），也包括不同辈的叔、伯、姑、舅、姨与侄（女）、甥（女）。之所以规定禁止存在近亲属关系的男女双方登记结婚，目的是维护婚姻当事人双方及其后代的身体健康，有利于维护亲属秩序，促进优生优育，提高人口质量。实践中也确实存在因当事人不了解禁止结婚条件的情况，最终导致婚姻无效。

　　侯艳与朱辉 2004 年 5 月 10 日登记结婚，2009 年 12 月 10 日生育一女。女儿出生以后患有原发性癫痫，因为照顾孩子的问题，双方时常发生矛盾。侯艳于 2014 年向法院起诉离婚，法院审理过程中查明侯艳母亲李某甲与朱辉母亲李某乙系亲姐妹关系，侯艳与朱辉属于三代以内旁系血亲关系。经法院释明，双方属于无效婚姻，侯艳可将离婚诉讼案由变更为确认婚姻无效，请求法院做出宣告婚姻无效的判决。诉讼过程中，双方对子女抚养和财产分配问题达成了协议，法院做出了宣告双方婚姻无效的判决，对子女抚养和财产部分另行制作了调解书。

　　案例中侯艳母亲和朱辉母亲属于亲姐妹关系，而侯艳和朱辉属于禁止结婚的三代以内旁系血亲关系。这直接导致双方的婚姻关系无效。但是双方生育的子女受法律保护。

　　因近亲结婚，双方携带较多相同基因，所携带的隐性致病基因容易体现在后代身上。血缘关系越近，遗传基因越相似，使后代遗传病的发病率提高，例如很多先天性智力障碍，先天性耳聋等疾病就是因为近亲属关系结婚造成的，这也就是近亲结婚所带来的最直接的危害，但是基于父母对子女法定的抚养义务，双方仍需要对患病的子女进行妥善的安置，这对于父母双方实际上也造成了精神上和经济上的压力。

避免近亲属关系结婚，避免因近亲结婚导致下一代患病，应做好如下自查和措施。

首先，准备结婚的男女双方在到民政局婚姻登记处办理结婚登记时，要如实告知婚姻登记员双方是否存在直系血亲或者三代以内旁系血亲，如实填写《个人情况登记表》。如双方长辈存在亲属关系，但又不确定双方是否属三代以内旁系血亲，可以直接询问婚姻登记员。

其次，无论双方是否存在近亲属关系，建议夫妻双方在生育子女之前进行基因检测，通过生化检测、染色体和 DNA 分析，发现遗传疾病的突变基因，通过科学的方法预防后代遗传疾病的发生。

 未到法定婚龄导致的无效婚姻

在我国，早婚现象也十分常见，有些年轻人没有到法定年龄，就通过各种关系领取了结婚证。但是，这样的婚姻都属于违法的，不在法律保护范围之内。如果男女双方能够和谐生活没有什么大的矛盾，不会出现离婚的状况，还可以相安无事地生活。一旦有了不可调和的矛盾导致离婚，就会很难保护女方的各种利益。

下面这个现实的案例就是最好的例证。

玲玲和强强从小在一个村子长大，两家家长关系也不错，从小就给两个孩子定了娃娃亲。

十几年过后，两个孩子都长大了，玲玲高中未毕业，辍学后就在强强家的工厂里上班。强强对玲玲也照顾有加。在强强20岁、玲玲19岁那一年，两家人认为两个孩子到了谈婚论嫁的年龄，就开始商量婚事。强强和玲玲也默认家长的意见，很快就举办了婚礼，两人就在一起生活了。

半年后，玲玲怀孕了。因为没有到结婚年龄，两个人没办法去登记结婚，也就没办法办理准生证明。后来，强强的同学说在民政局有熟人，可以帮他们俩办一张结婚证，这样就能办准生证明了。没过多久，强强的同学就把结婚证办下来了。

这时，玲玲发现强强和工厂里的另一名工人出轨了。气愤的玲玲决定流产、离婚，于是向法院提起离婚诉讼。在法院审理过程中发现，玲玲和强强登记结婚时两人都不符合法定的结婚年龄，即使到起诉时，强强还不满22周岁，法院依法宣告双方的婚姻属于无效婚姻。

我国法定结婚年龄是如何确定的？

在男方没有达到22周岁、女方没有达到20周岁的法定婚龄情况下，采取一定的手段领取到了结婚证的，此时的婚姻关系也会被认定为无效。

男 22 周岁、女 20 周岁是我国法律规定的法定婚龄，不符合法定婚龄的人登记结婚属于无效婚姻。玲玲和强强的婚姻之所以无效，是属于"未到法定婚龄"的情形。

玲玲当时并不知道自己与强强的婚姻属于无效婚姻，所以才向法院提起了离婚诉讼。事实上，玲玲可以直接到法院申请宣告婚姻无效。以未达法定婚龄为由申请宣告婚姻无效，除了玲玲本身享有这个权利，玲玲的近亲属，即父母、子女、兄弟姐妹、祖父母、外祖父母都可以作为申请玲玲婚姻无效的主体。对于双方的财产问题，可以另行提起同居财产纠纷诉讼。

未到法定年龄的婚姻有效吗？

未达法定婚龄而登记结婚的，适用无效婚姻的规定。婚姻双方及近亲属有权请求宣告婚姻无效。但申请宣告婚姻无效，只能在婚姻当事人一方未到法定婚龄之前提出，如果婚姻当事人双方已经达到法定婚龄，法定的无效婚姻情形已经消失，其婚姻转化为有效婚姻。

未达法定婚龄、未办理登记结婚而以夫妻关系同居的，适用有关事实婚姻和同居关系的规定。对于 1994 年 2 月 1 日之前达到法定婚龄的，按事实婚姻处理；1994 年 2 与 1 日以后达到法定婚龄的，应当补办结婚登记，不补办的，婚姻无效，按同居关系处理。

1.对于孕育的孩子

如果玲玲没有流产，最终孩子出生了，虽然双方的婚姻被宣告无效，但是双方生育的子女权利仍然受到保护，因为非婚生子女享有与婚生子女同等的权利。如果双方对于子女的抚养权有争议，需要根据《民法典》婚姻家庭编第一千零八十四条的规定，结合孩子的年龄、双方的具体情况来确定。

2.对于玲玲的财产权

经法院宣告婚姻无效后，双方此前属于同居关系，任何一方都有权对同居期间的财产主张分割，协议不成时可以向法院提起诉讼。《最高人民法院关于适用〈中华人民共和国民法典〉婚姻家庭编的解释（一）》第二十二条规定："被确认无效或者被撤销的婚姻，当事人同居期间所得的财产，除有证据证明为当事人一方所有的以外，按共同共有处理。"所以，主张分割财产一方应对财产的存在承担举证责任，即提供证据证明自己对相应财产的所有权。

通过这个案例和律师给出的解决方案可以看出，尽管未到法定年龄结婚不受法律保护，但是，对于孩子和弱势的一方，法律给予了很高的关注，孩子的权利受到了保护，其次，对女方的财产等权益也进行了适度保护。

因胁迫导致的可撤销婚姻

《民法典》规定了结婚应当男女双方完全自愿，禁止当事人的父母或者第三人对婚姻进行包办、强迫或者干预，排斥当事人非自愿的被迫同意。可撤销婚姻的规定便是上述规定的配套条款。

第一种可撤销婚姻是指已经成立的婚姻关系因为欠缺婚姻合意，受胁迫的一方当事人可向人民法院申请撤销的违法两性结合。如果夫妻一方违背另一方的真实意思表示，以给对方或者对方亲属造成身体伤害、名誉贬损、财产损失等为要挟的，强迫另一方建立婚姻关系的另一方可以向法院申请撤销。

❤❤❤❤❤❤❤❤❤❤❤❤　**典型案例**　❤❤❤❤❤❤❤❤❤❤❤❤

肖梅和程阳 2005 年 3 月自行相识，经过短暂的相处两人确立恋爱关系。在相处过程中，程阳在肖梅的邮箱发现了肖梅和前男友曾经出游的照片，不断地追问肖梅和前男友的过往，肖梅坦诚地告知了，并且承诺不会和前男友有任何瓜葛。程阳表面表示不会在意过去，但是要求肖梅也和自己一同出游，出游期间两人发生了性关系，程阳拍摄了肖梅的裸照和两人的性爱视频。后来两人因性格不合，肖梅提出分手，但是程阳以公开裸照及视频为由向肖梅提出结婚的要求。肖梅再一次妥协，两人于 2006 年 2 月登记结婚，结婚登记第二天肖梅就到外地打工了，两人一直处于分居状态，程阳要求肖梅辞职回家，并承诺会好好过日子。肖梅提出两人签订一份协议。其中提到男方承认在和女方领取结婚证时，曾经以公布女方裸照和视频胁迫女方与男方结婚，现在双方已经登记结婚，男方同意将裸照和视频永久删除。

2006年9月肖梅向法院提起诉讼，请求撤销与程阳的婚姻关系。经法院审理，根据双方当事人的当庭陈述及原告提交的《协议书》，认定程阳以公布裸照、性爱视频等威胁手段，强迫肖梅与其登记结婚的事实，程阳的行为违背了肖梅的真实意愿，应属无效，最终支持了肖梅提出撤销婚姻关系的诉讼请求。

❤❤❤❤❤❤❤❤❤❤❤❤ **案例分析** ❤❤❤❤❤❤❤❤❤❤❤❤

可撤销婚姻并非是当然无效的婚姻，这是为了维护婚姻自由原则，而创设的给予受胁迫一方撤销婚姻的权利。行使撤销权的主体为受胁迫的一方当事人，撤销婚姻的请求应当向人民法院提出。撤销权的行使期间为一年，自胁迫行为终止之日起计算，不适用诉讼时效终止、中断、延长的规定；如果当事人被非法限制人身自由的，则自受限制一方当事人恢复人身自由开始计算一年期间。

如何才能认定胁迫行为的成立？

构成胁迫需要具备以下条件。

（1）必须有胁迫的故意。即一方有通过胁迫行为使另一方产生恐惧心理，并基于恐惧心理而被迫同意结婚的故意。

（2）必须有胁迫行为。即一方实施了以对另一方及其近亲属的生命、身体健康、名誉、财产等方面造成损害为要挟的不法行为。胁迫行为的实施人可以是婚姻当事人，也可以是有关的第三人；受胁迫的一方可以是婚姻当事人本人，也可是其近亲属。

（3）受胁迫的人同意结婚与另一方实施胁迫行为之间有因果关系。受胁迫一方之所以做出同意结婚的意思表示，是因为胁迫行为使自己产生恐惧心理而为。

被限制人身自由的一方如何提起撤销婚姻的请求？

在可撤销婚姻案件中，撤销权人单方行使撤销权的行为将使已经成立的婚姻关系被撤销，涉及婚姻另一方当事人的权益。为了避免法律关系长期处于不确定的状态，以及对婚姻另一方当事人权益的保护，法律规定撤销权人行使撤销权有一定的期限限制。

撤销权人请求撤销婚姻的，应当自胁迫行为终止之日起一年内提出，如果当事人被非法限制人身自由的，应当自恢复人身自由之日起一年内提出。这种情况主要是考虑在胁迫的婚姻中，有的受胁迫方是被非法限制人身自由的，例如绑架、拐卖的妇女被迫与他人缔结婚姻关系，这些妇女在未被解救之前是无法提出撤销婚姻的申请的。当然，超过这个期限不行使撤销权的，受胁迫一方当事人就不得再以胁迫为由，请求撤销婚姻了。

未告知重大疾病导致的可撤销婚姻

在《民法典》生效以前，《婚姻法》只规定了因胁迫而导致的可撤销婚姻，《民法典》生效以后增加了可撤销婚姻的类型，即一方婚前患有重大疾病未如实告知的。该规定出台的背景是，在婚姻自由作为我国婚姻制度的基本原则前提下，在不违背社会公共道德和国家利益的前提下，应尽可能保障公民婚姻自主权。

随着科学技术的进步和现代医疗的发展，很多疾病可以预防或者治愈，再以一方当事人患有医学上不适宜结婚的疾病来限制公民的婚姻自由权已经不符合社会的发展，法律不宜再强制对患有重大疾病的当事人自愿缔结婚姻的效力进行否定，所以《民法典》删除了有关患有特定疾病禁止结婚的规定。但是，婚姻自由的本质是当事人做出是否缔结婚姻关系的意思表示应是真实的，也应当是在双方彼此建立互相了解和信任的基础上，所以一方患有重大疾病，对于另一方当事人来说可能会影响其做出结婚意思表示是否真实完整。《民法典》规定了夫妻一方重大疾病婚前告知义务，这既可以保障另一方当事人知情权，又可以保护当事人婚姻自由。

❤ ❤ ❤ ❤ ❤ ❤ ❤ ❤ ❤ ❤ ❤ ❤ **典型案例** ❤ ❤ ❤ ❤ ❤ ❤ ❤ ❤ ❤ ❤ ❤ ❤

蒋女士和贾先生经人介绍认识，2020年12月登记结婚，结婚以后双方保持着"周末夫妻"的生活状态，蒋女士在市里一家公司上班，贾先生在郊区一所高校任教，平时只有周末才会回到市里团聚。结婚三个月的时间，蒋女士发现自己患了淋病，蒋女士从未与他人发生过性关系，唯一有过性关系的只有贾先生，于是蒋女士开始怀疑是丈夫传染自己的，但是并没有直接质问贾先生。一次蒋女士以路过蒋先生单位为由，到蒋先生单位的宿舍留宿了一晚，蒋女士发现了贾先生的病例，贾先生在婚前就患有淋病，一直没有治愈。蒋女士认为贾先生欺骗了自己，于是提出了协议离婚，但是贾先生不同意离婚。

蒋女士直接向法院提出了撤销双方婚姻关系的诉讼请求。法院认为贾先生患有淋病，具有较强的传染性且难以治愈，在结婚登记前对蒋女士未如实告知，蒋女士在法定期间内以贾先生婚前隐瞒重大疾病为由撤销婚姻，事实清楚，于法有据，贾先生表示认可，法院判决撤销了二人的婚姻关系。

案例分析

哪些疾病属于应当告知的范围？

根据《母婴保健法》的规定，婚前医学检查包括严重遗传性疾病、指定传染病、精神病。严重遗传性疾病是指由于遗传因素先天形成，患者全部或者部分丧失自主生活能力，后代出现疾病的风险比较高，医学上认为不宜生育的遗传性疾病。指定传染病具体是指《传染病防治法》中规定的艾滋病、淋病、梅毒、麻风病以及医学上认为影响结婚和生育的其他传染病。婚姻一方在办理结婚登记前若明知自身患有上述疾病，无论上述疾病发病程度是否严重，均视为符合本条规定的重大疾病，患病一方均应将患病情况告知另一方。

重大疾病应当是在结婚以前就存在的

法律所规定的"患有重大疾病"应当是在结婚前就有相应的诊断记录，患有重大疾病的一方知情且未在结婚登记前如实告知另一方的，如果患有疾病的一方虽然是婚前就有患病，但自己并不知情，就不存在故意隐瞒的情况，其与另一方结婚的行为并未违反婚前如实告知义务，这样就不构成可撤销婚姻。

一方在婚前已经履行如实告知义务，就不再享有撤销权

如果患病的一方在结婚登记前已经将自己患病的情况如实告知另一方，另一方当事人仍然自愿与其结婚，那么另一方就不能再以一方患有重大疾病但婚前未告知为由行使婚姻撤销权了。但是，如果患病的一方仅告知了患病的事实，但是隐瞒了疾病的发病程度，则属于未如实告知，另一方仍然享有撤销权。

享有撤销权的一方应当在知道或应当知道未如实告知患病事实后一年内提出撤销婚姻。为了能够让当事人及时行使权利和尽早结束不稳定的婚姻关系，《民法典》对一方当事人形式撤销权的时间进行了限定，即被隐瞒的一方当事人依据《民法典》第一千零五十三条之规定请求人民法院撤销婚姻的，应当自知道或者应当知道撤销事由之日起一年内向人民法院提出。这一年期间的规定不得中止、中断和延长，如果超出一年的时限规定，人民法院不予支持撤销请求。

请求撤销婚姻只能向人民法院提出

有人误以为结婚登记是向婚姻登记机关提出的，那么撤销婚姻也应当向婚姻登记机关申请撤销。《民法典》第一千零五十三条规定，一方当事人以另一方当事人患有重大疾病但婚前未如实告知为由请求撤销婚姻，应当向人民法院提出。该条规定并未赋予婚姻登记机关接受当事人撤销婚姻申请的权利。

需要引起重视的是，目前老年人再婚的比例也很高。在面对老年人提起撤销婚姻的案件时需要慎重审查"重大疾病未如实告知"的事实，以及重点区分"重大疾病"的类型。

老年人不同于年轻人，其身体健康状况无法预计，大部分老年人都患有一些慢性疾病，该疾病是否能够影响另一方当事人缔结婚姻关系的真实意思表示需要法院仔细甄别。

婚姻律师小课堂

申请撤销婚姻需要下面几个步骤。

（1）无论是因胁迫原因提起撤销婚姻，还是因为一方未履行如实告知重大疾病导致的撤销婚姻，都需要被胁迫一方或者被隐瞒一方向法院提出。

（2）被胁迫一方或者被隐瞒一方作为原告，实施胁迫行为一方或者婚前故意隐瞒重大疾病一方作为被告。原告向法院提交以撤销婚姻关系为诉讼请求的起诉状、双方结婚证、被胁迫的证据或者隐瞒疾病一方婚前患有重大疾病的相关证据。

（3）人民法院经审查，认为确实存在可撤销婚姻的情形，应当判决撤销原被告婚姻关系。

（4）因撤销婚姻仅是解决婚姻效力的问题，不解决子女抚养和财产分配等其他争议。如双方需要处理子女和财产问题，需要向法院另行提起相关民事诉讼。

婚后人身权利，如何保护？

　　有人说，步入婚姻殿堂也就意味着原本陌生的两个人在经过情感磨合后，要在新的家庭条件下长时间进行博弈。但在有些家庭中会发生家庭暴力，有的会遭到"婚内强奸"等，这些都会对受害一方造成巨大的身心伤害。

　　那如何在人身权利受到侵害时保护自己？本节就通过几个不同的案例来提供及时的应对建议。

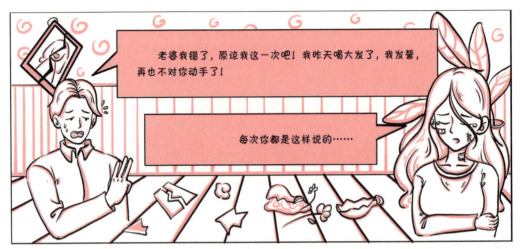

家暴：
遭受家庭暴力怎么办?

家庭暴力简称家暴，是指发生在家庭成员之间的，以殴打、捆绑、禁闭、残害或者其他手段，对家庭成员从身体、精神、性等方面进行伤害和摧残的行为。当今社会家庭暴力的指数逐日增长，除了最常见的殴打残害之外，言语暴力也越来越频繁。

根据全国妇联和国家统计局组织的第三期中国妇女社会地位调查数据，全国 2.7 亿个家庭中约 24.7% 存在家庭暴力。如何避免家暴或者在家暴发生后保护自己呢?

• • • • • • • • • • • • • 典型案例 • • • • • • • • • • • • •

小雨是全职太太，主要在家照顾孩子。丈夫高建在外打工以供家庭开支。

孩子上幼儿园后花费越来越高，小雨每次找高建要钱都被一顿数落，但凡提到钱两人就吵架。小雨认为是自己经济不独立才会这样。于是她经朋友介绍找到了工作。高建得知后对她劈头盖脸地责骂，并怀疑她出去工作是为了接触其他男士。第二天小雨下班回家后包还没放下，就挨了高建一巴掌。他还威胁小雨，如果第二天再去上班就别想再进家门了。小雨被吓得没敢再去上班。

孩子上小学后，丈夫每月给的生活费完全不够支出，小雨就经常去和父母借，但从不敢告诉高建。一次，小雨的父母提到了借他们钱交孩子学费的时候，高建觉得很没面子，当时就把借款还给了岳父。

回到家以后，高建直接将小雨打倒在床上，并且掐着她的脖子，埋怨她出去借钱，这让他很没面子。小雨被打伤住院，同时报警做了伤情鉴定构成轻伤害。小雨提出离婚，如果高建不同意，她就要追究高建的刑事责任。高建害怕被判刑，所以答应了小雨的离婚请求。

虽然两人办理了离婚登记手续，但是高建仍然不断地骚扰小雨和孩子，尤其是酒后，到小雨的出租房内要求与她发生关系。小雨每天都担惊受怕，离婚了仍然摆脱不了她心中的"恶魔"。

♥ ♥ ♥ ♥ ♥ ♥ ♥ ♥ **案例分析** ♥ ♥ ♥ ♥ ♥ ♥ ♥ ♥

家庭暴力常见的四种类型

通常，家庭暴力被认为包括身体暴力、性暴力、精神暴力和经济控制四种类型。

（1）身体暴力是加害人通过殴打或捆绑受害人，或限制受害人人身自由等使受害人产生恐惧的行为。

（2）性暴力是加害人强迫受害人以其感到屈辱、恐惧、抵触的方式接受性行为，或残害受害人性器官等性侵犯行为。

（3）精神暴力是加害人以侮辱、谩骂或者不予理睬、不给治病、不肯离婚等手段对受害人进行精神折磨，使受害人产生屈辱、恐惧、无价值感等作为或不作为行为。

（4）经济控制是加害人通过对夫妻共同财产和家庭收支状况的严格控制，摧毁受害人自尊心、自信心和自我价值感，以达到控制受害人的目的。

此外，还有一种很常见的家庭暴力——家庭冷暴力，这是指夫妻在产生矛盾时，故意冷淡、轻视、放任和疏远对方。表现为漠不关心对方，将语言交流降低到最低限度，停止或敷衍性生活，懒于做家务，等等。冷暴力属于精神暴力的一种，长期的冷暴力对对方伤害极大，在婚姻中发生的概率也很高。

对于冷暴力，确实在举证方面比较困难，所以法官要根据案件的具体情况结合证据及双方的陈述来慎重做出判断。

案例中，小雨和高建已经办理离婚登记，双方不再互为家庭成员，小雨无须申请人身安全保护令，一旦受到伤害或者被威胁可以直接报警处理，公安机关也不得以家庭纠纷为由拒绝处理，构成轻伤以上情节的依法追究刑事责任。

遇到家暴怎么办？

首先，尽量避免受到家庭暴力的侵害，弱势一方要注意保护自己，在发生暴力的时候要求助于邻居、亲戚、家人并报警，将可能发生的家庭暴力所可能造成的损害降到最低限度。

其次，注意收集证据，比如用手机录音、拍照等，或者报警后要求警方做询问笔录，如果受伤则要求警方开具验伤单，及时进行伤情鉴定等，这些证据对于将来主张权益会有帮助。

最后，要求家庭暴力的行为人承担后果，包括要求对方赔偿经济损失、精神损害，公安机关对其进行拘留，达到一定程度的还可以追究对方故意伤害等刑事责任。

遇到家暴如何报警？

1. 第一时间拨打 110

言简意赅说明遭遇的情况，并且明确告知自己所感受到的强烈威胁和恐惧，是非常必要的！

很多受害者都会有"家丑不可外扬"的想法，担心自己报警的事情会被他人所知，成为别人口中的谈资，所以一忍再忍。反家暴法出台后，公安机关对家暴报案人的信息负有保密责任，所以不用担心有隐私泄露遭遇报复的风险。遭遇家暴，就要果断报警！

反家暴法明确了公安机关在面对家暴纠纷求助时的出警责任。报警后，警方会对家暴行为进行调查取证，协助受害人就医、鉴定伤情。所以报警时可向民警提出出警的要求。

2. 与警察沟通整个过程，要求鉴定伤情

首先是冷静陈述发生的家暴情形，再主动提出要求出具报警回执，要求给双方作询问笔录，有伤情的要求做伤情鉴定。

伤情鉴定结果如是轻微伤，实施家暴一方可能需要承担 10 天左右的行政拘留；如果是轻伤，打人者将面临"故意伤害罪"的刑事责任。

报警后要求警方出具告诫书。因为除双方当事人外，派出所还会将告诫书送交加害人或受害人所在的居委会、村委会，以便日后对当事人进行查访、监督，避免伤害再次发生。所以，对被害者而言，告诫书不仅是认定家暴重中之重的证据，也是防止自己再次受伤的盾牌！

3. 申请人身安全保护令

小雨在婚内遭受家暴时其实是可以申请人身安全保护令的。人身安全保护令是一种民事强制措施，是人民法院为了保护家庭暴力受害人及其子女和特定亲属的人身安全、确保婚姻案件诉讼程序的正常进行而做出的民事裁定。

在遭受家暴以后一定要及时报警、就医，即使选择原谅，也要要求对方出具保证书。在申请人身安全保护令时，需要向法院提供相关的报警记录、询问笔录、诊断证明、伤情鉴定、受伤的照片或视频等，法院会结合证据情况决定是否出具人身安全保护令的裁定。

人身安全保护令可以包括下列措施：

第一，禁止被申请人（即施暴者）实施家庭暴力；

第二，禁止被申请人骚扰、跟踪、接触申请人及其相关近亲属；

第三，责令被申请人迁出申请人住所；

第四，保护申请人人身安全的其他措施。

如果被申请人违反人身安全保护令，构成犯罪的，依法追究刑事责任；尚不构成犯罪的，人民法院应当给予训诫，可以根据情节轻重处以一千元以下罚款。

如何申请人身保护令？

2016 年 3 月 1 日起，《反家庭暴力法》开始实施，其中对人身安全保护令做了详细的规定。在现实生活中，倘若遭遇家暴，如何通过法院申请人身安全保护令？需要提供哪些材料？人身安全保护令意味着哪些保护措施？

1. 符合申请人身保护令需要的条件

（1）申请人是受害人。

（2）有明确的被申请人姓名、通信地址或单位。

（3）有具体的请求和事实、理由。

（4）有一定证据表明曾遭受家庭暴力或者正面临家庭暴力威胁。

其中的证据可以是伤照、医疗机构的诊断证明、报警证明、证人证言、社会机构（例如村委会或者社区）的相关记录或者证明、加害人的保证书、加害人带有威胁内容的手机短信、电话录音等。

2.向受害人或者加害人经常居住地，或者家庭暴力行为发生地的基层人民法院申请

具体方式为向以上具有管辖权的法院递交书面的申请材料，是否可以网上提交，需要以当地法院网站是否设置申请人身保护令这一入口为准。即使可以网上提交，因网上审核需要一定的时间，建议到法院当面申请。如果受害人本人是无民事行为能力人、限制民事行为能力人，或者因受到强制、威吓等原因无法申请的，其近亲属、公安机关、妇女联合会、居民委员会、村民委员会、救助管理机构可以代为申请。

3.提供书面材料或口头申请

人身安全保护令的申请以书面形式提出；但是紧急情况下可以口头申请。口头申请的人民法院记录在案，并由申请人签名、摁手印等方式确认。如果申请人是无民事行为能力人、限制民事行为能力人，或者因受到强制、威吓等原因无法申请人身安全保护令的，其近亲属、公安机关、妇女联合会、居民委员会、村民委员会、救助管理机构可以代为申请。

特别说明的是，申请人身安全保护令的裁定，无须缴纳任何费用，并且人民法院收到申请后应当在 72 小时内做出人身安全保护令或者驳回申请；情况紧急的，应当在 24 小时内做出。

遇到家暴一定要在第一时间内做出反应和处理，报警取证措施要及时。婚姻家事律师常说一句话，家暴有第一次就会有第一万次。所以，要放弃对"爱人会变好"的幻想，在第一时间保护自己。

婚内强奸：
如何认定和追责？

有人会说，夫妻在婚内发生性关系不应该是十分正常的现象吗？婚内夫妻任何一方都有与另一方同居的义务，性生活自然也是夫妻生活很重要的一部分，婚内发生性关系应该是受到法律保护的，只有婚外发生性关系才可能触碰法律的底线。

到底存不存在"婚内强奸"这个概念呢？从法律角度去看，确实没有这一法律词汇，也就是法律没有明确规定存在"婚内强奸"的说法。但是司法实践中确实有因婚内强迫另一方发生性关系而认定的强奸案，例如"上海王卫明案"。

那么，什么情形下会被认定为"婚内强奸"呢？从下面的案例分析，可以知晓在什么情况下，"婚内强奸"是成立的。

❤❤❤❤❤❤❤❤❤❤❤　**典型案例**　❤❤❤❤❤❤❤❤❤❤❤

刘刚和陆霞是经人介绍认识的，认识时两人都35岁。他们认识三个月就订婚了，不到半年就登记"闪婚"了。

刘刚从事金融行业，一天时间里几乎有十五六个小时都是在工作，即使在家里也在不停地对接客户，很少对陆霞关心、问候。陆霞希望在各个节日都有另一半的陪伴，对仪式感要求高。刘刚总觉得陆霞不理解自己努力工作是为了两人生活质量更高，两个人逐渐开始冷战。

冷战持续了两个多月，陆霞提出离婚。在家人的劝说下陆霞决定再给刘刚一个机会。半年后，陆霞再次提出了离婚，认为强行让两个观念不同的人生活在一起还不如单身。但是刘刚一直以各种理由逃避，陆霞只好到法院起诉离婚。

庭审中，刘刚坚持不同意离婚，法院以双方感情尚未破裂为由，判决驳回了陆霞的诉讼请求。判决生效后，陆霞准备从家中搬出。刘刚看到陆霞要与自己分居，将她收拾好的行李弄得散落一地，并强行将陆霞拖到房间，并与她发生了关系，还致其手臂软组织挫伤。事后，刘刚为自己冲动的行为向陆霞道歉，求她不要报警。陆霞没有退让，跑出门就报警了，称刘刚对自己实施了强奸。警察传唤刘刚后，刘刚坚持说双方未离婚，对陆霞属于夫妻之间的正常行为。

• • • • • • • • • • • • • **案例分析** • • • • • • • • • • • • •

"婚内强奸"是不是强奸？

根据目前我国《刑法》的规定，强奸罪是指以暴力、胁迫或者其他手段，违背妇女的意志，强行与其发生性行为。

如果在婚内，尤其是双方在离婚诉讼期间，丈夫违背妻子的意愿强迫妻子发生性关系，到底构不构成强奸呢？

国内关于"婚内强奸"的案例和讨论鲜少，以中国裁判文书网为例，仅检索出五个案例，但是案例中未有一例是双方存在合法婚姻关系，而一方强迫另一方发生性行为被认定为强奸罪的。只有在经法院判决离婚后，前夫强行与前妻发生性关系，才会被认定为强奸罪。

所以，对于"丈夫强奸妻子"的情形是否构成强奸罪仍然采取谨慎的态度，有些案例是以虐待罪追究强迫一方的刑事责任的。

对于上述案例类似情况，目前司法界也存在不同的观点。

一种意见认为，一旦男女双方形成合法的婚姻关系，同居发生性关系属于夫妻间的权利和义务，他人不得干涉。丈夫强行与妻子发生性关系，只是采用的方式不当，粗暴地行使了自己的权利，但不构成强奸罪的犯罪主体，最多认为"婚内强奸"属于家庭暴力中的一种性暴力，不能上升到刑事犯罪的层面，否则不利于家庭的和睦与稳定。

另一方意见认为，《刑法》所规定的强奸罪的犯罪对象是"妇女"，并没有将妻子排除在外，只要是违背妇女意志，强行与妇女发生性关系，无论是在婚内还是婚外，都构成强奸罪。

即便是合法的婚姻关系，也不等于任何一方放弃了性自主的权利。夫妻间享有平等的性自主权利，双方自愿是进行夫妻间性生活的前提条件，任何一方没有强迫另一方的权利，这也是性自主权的表现。

从犯罪的角度来说，刘刚主观上违背了陆霞的意志，采用暴力的方式强行与陆霞发生关系，侵犯了陆霞的人身权利，即性自主权利，应当构成犯罪。

婚姻律师小课堂

"婚内强奸"如何追责？

在中国，"婚内强奸"分两种情况。

（1）在婚姻关系的非正常阶段，也就是办离婚手续或打离婚官司期间，丈夫强行与妻子发生性关系会被判强奸罪。

到目前为止，婚内被判强奸罪的基本都是这种案子。中国第一起婚内强奸入罪的判决，发生在 1989 年。一位妻子要离婚，被丈夫和家人把她绑回家里，多次强行发生性关系，最后丈夫被判强奸罪，有期徒刑 6 年。

（2）在婚姻关系的正常阶段，也就是在办离婚手续和打离婚官司外的其他时间，不承认"婚内强奸"。

2013 年末，一个戴面具的男人闯进福建泉州一间工厂的宿舍，抢走了女工阿燕身上的 35 块钱，并且强奸了她。几天后，民警抓到了强奸犯，发现就是阿燕的丈夫。明明是夫妻，无论要钱还是要人，都可以商量，为什么要戴面具？

审讯后，丈夫终于坦白：前阵子，他发现阿燕整天在网上跟人聊天，怀疑她出轨，于是暗中买了面具，跟踪阿燕。可跟了一段时间，并没有发现阿燕出轨。这时，丈夫想起新闻曾报道有女性见网友被抢劫强奸，担心妻子会去见网友遇到危险。为了警告阿燕，丈夫戴面具假装成陌生人强奸了自己妻子。

阿燕知道罪犯原来是丈夫后，不想再追究，但丈夫因为涉嫌强奸，已经被刑事拘留。最终检察院认为阿燕夫妻俩的感情没有破裂，阿燕也没有要求追究，不能认定为强奸罪，对丈夫批评教育之后就释放了。

"婚内强奸"如何追责要看案件的实际情况而定。

如上所述，"婚内强奸"定性较难，但也不是没有解决办法，那就是当事人在举证时一定要有"实证"，也就是能够让司法机关采信的证据。只有在证据链条完整的情况下，才有可能定性"婚内强奸"，依法对施暴人追责。

对于女性受侵害者而言，从身体条件上来说，女性力量大多不及男性，在面对即将到来的伤害更考验智慧。当面临侵害时，能脱离密闭场所的情况下一定要及时脱离，用言语拖住对方，不要刺激或激怒对方；女性随时给自己的手机设置紧急联系人快捷键；如果已经遭受伤害，在保证人身安全的情况下及时报警；如果在生活中已经有过被伤害的行为，要及时就医，留下证据，通过法律武器维护自己的合法权益。以性暴力为由向法院申请人身安全保护令，这是一种民事救济方式。以强奸为由及时报警，即使在此种情况认定强奸罪有争议的情况下，追究其故意伤害罪、虐待罪的可能性还是很大的。

人流：

人工流产，丈夫有权阻止吗？

女性基于天然的身体条件，自然比男性具有孕育生命更有优势的条件，但是同样承担着比男性更大的风险。怀胎十月，一朝分娩，整个孕育期间，对于女性所带来身体变化和心理变化，作为男性一方很难切身体会。由于母体与胚胎合一，所以法律也赋予了女性是否生育的选择权。

生育对于家庭而言是大事，夫妻俩应该商量着办，一起做好精神和物质上的准备，再迎接新生命的到来。所以，家庭的和谐友善来自夫妻双方的彼此认同和包容。

当遇到妻子一方要进行人工流产时，那丈夫有什么样的权利呢？

❤❤❤❤❤❤❤❤❤❤❤　**典型案例**　❤❤❤❤❤❤❤❤❤❤❤

杨亮和金丽在结婚时就商量好，不生育子女，组成一个丁克家庭。

事不凑巧，在结婚的第三年，金丽却意外怀孕了。杨亮知道此事后就告诉了父母，他的父母高兴地合不拢嘴——他们期待抱孙子已经很长时间了。父母希望小夫妻俩生下这个孩子，如果不愿意亲自带，他们愿意帮助带。

金丽并没有像其他准妈妈一样表现得很开心，她并不是不愿意带孩子，而是夫妻双方在结婚前已经有了做丁克的想法，他们是在达成一致意见后才登记结婚的。

现在，杨亮和父母意见一致要求把孩子生下来，但金丽不同意，决定去做流产手术。杨亮和家人都坚决反对，于是双方开始产生矛盾。

　　一周后，金丽告诉杨亮自己已经到医院做了流产手术。杨亮听了以后气急败坏，认为金丽侵犯了自己的生育权。而金丽却说孩子在自己肚子里，生还是不生当然由自己决定了。为此，杨亮还提出了离婚，金丽心里有说不出的委屈，明明是商量好的丁克，杨亮反悔了，却还要怪罪到金丽头上。

　　那么，妻子擅自做"人工流产"，丈夫有权阻止吗？

❤❤❤❤❤❤❤❤❤❤❤❤　**案例分析**　❤❤❤❤❤❤❤❤❤❤❤❤

生还是不生，是一种自由

　　《妇女权益保障法》第五十一条规定妇女有按照国家有关规定生育子女的权利，也有不生育的自由。所以是否生育子女的决定权在于女性。当然这并不是剥夺了男性的生育权，只是在怀孕、生产和抚育子女的过程中，女性比男性承担的风险更多，所以法律赋予了女性生育自由的权利。

　　妻子单方决定终止妊娠，是否侵犯丈夫的生育权？

　　《最高人民法院关于适用〈中华人民共和国民法典〉婚姻家庭编的解释（一）》第二十三条规定（原《婚姻法司法解释三》第九条）：夫以妻擅自终止妊娠侵犯其生育权为由请求损害赔偿的，人民法院不予支持；夫妻双方因是否生育发生纠纷，致使感情确已破裂，一方请求离婚的，人民法院经调解无效，应依照民法典第一千零七十九条第三款第五项的规定处理。

　　即妻子可以单方终止妊娠，不侵犯丈夫的生育权。但丈夫可以起诉离婚，法院调解无效的，应判决准予离婚。

有人认为妻子单方终止妊娠，是离婚重大过错。这种说法没有法律依据。离婚过错赔偿的情形，被规定在《民法典》第一千零九十一条里，并没有包括妻子单方终止妊娠。

所以，杨亮提出金丽侵犯其生育权是没有依据的。而杨亮的父母作为公公、婆婆的身份更没有权利把"传宗接代"的意志强加到儿媳妇头上。

现代社会，大多数年轻人都承担着巨大的经济压力和精神压力，尤其是提倡"女性经济独立自主"的背景下，越来越多的人选择晚生育子女，甚至不生育子女。另外一方面，就是女性在照顾、抚育子女方面承担着更多的义务，比如怀孕、分娩、哺乳，这都是无法由男性代替的，女性独自承担这些艰辛和风险。《妇女权益保护法》之所以将生育或者不生育的决定权规定给女方，这也体现了对女性的特殊保护。

婚姻律师小课堂

在传统文化的大背景下，大多数家庭的重要职能之一就是生育子女，随着年龄的增长、生活环境的改变，对于是否生育子女的想法也会随之改变。虽然女性在生育问题上有着决定权，但是也应体谅男性一方基于配偶权实现生育权的要求，也多一些对于双方父母对于期待享受天伦之乐感情的理解。其实，金丽只是没有做好当妈妈的准备，突然的怀孕让金丽一时无法接受未来的生活状态要发生变化，她完全可以将内心的想法告诉杨亮，待两人都愿意坦然接受孩子的到来，并做好未来生活规划时，再进入下一个人生阶段。

对于男方来说，他的生育权又是什么呢？如何保障？

男性同样拥有生育权。《人口与计划生育法》第十七条规定：公民有生育的权利，也有依法实行计划生育的义务，夫妻双方在实行计划生育中负有共同的责任。

根据前面的分析，男性不能阻止女性终止妊娠，即不能要求女性必须要把孩子生下来。既然如此，那男性能不能要求女性在怀孕后不能要孩子呢？即要求女性终止妊娠呢？最高人民法院出台该规定后，在《理解与适用》中指出：既然男方在和女性发生关系时没有采取任何措施，这一行为本身表明其已以默示的方式行使了自身的生育权，这时虽然不愿意女方生育，但不得强迫，否则仍然是侵犯女方的人身权。

实际上，男性虽然享有生育权，但在女方怀孕后，女方拥有最终的生育决定权。可以理解为，当女性怀孕后，男方的生育权已行使完毕。此时，只剩下女方的生育权了。

从这一案例解读可以看出，女性在生育权中拥有绝对话语权，男性处于从属地位。一种是需要得到丈夫的同意，一种是不需要丈夫同意，但妻子要尽到善意告知的义务。这种观点有不少学者提出来。最后一种就是被采纳的观点，既不需要丈夫同意，也不需要告知。

劳务补偿：
全职太太如何保全自己？

　　家务劳动补偿，是对家务贡献者遗失利益的补偿。夫妻任何一方在照料老人、子女或者配偶，以及为家庭生活提供服务和便利等方面付出更多的一方，将更多的时间和精力投入家务劳动中，使其他家庭成员收益，尤其是配偶一方可以全身心投入到工作中，但是对于家务劳动一方的自身发展会造成一定的影响，个人时间被压缩，如果不能正视付出家务劳动一方的价值，显然是有违公平原则的。

　　早在瑞士、德国等国家，家务劳动价值已经得到了法律上的认可，《瑞士民法典》规定，在协助配偶他方从事职业或者经验事业中，配偶一方的付出显著超出其为抚养家庭做出的贡献的，其有权请求为此得到合理的补偿金。《德国民法典》规定，在离异的婚姻一方因照料或者教育共同的子女而不可能期待其就业的情形以及在此种情形持续期间，该方可以向另一方要求生活费。虽然我国新颁布实施的《民法典》中也有关于全职太太离婚后的"劳务补偿"制度，但是，补偿多少合适还要根据实际情况而定。

　　如果"劳务补偿金"过低或者补偿金额不合适，也就无视了全职太太为家庭做出的应有贡献。那劳务补偿大体是基于什么做出评估的？怎样获得合理范围的劳务补偿，不至于因为过低损害了自己利益？从下面这个案例，人们可以认识到"劳务补偿"的价值所在。

孙薇和李凯 2009 年登记结婚。

结婚以后，双方共同创业做电子产品生意，生意还不错。两人从外地来到北京，仅用了四年的时间就在三环内买了房子。

随着生意越做越大，孙薇就开始退居幕后，在家相夫教子，照顾老人，后来还陪孩子到国外读书。在孩子出国读书的这些年，李凯出轨有了第三者。但孙薇没有十足的证据可以向法庭出示。

孙薇起诉离婚分割财产，但李凯认为家里的财富都是自己这么多年打拼的，她一直在家享清福，双方协商不成。

孙薇在起诉离婚时主张了 50 万元的家务劳动补偿金，理由是自己结婚以后一直扶持李凯的工作，当事业稳定后，孙薇在家照顾孩子、老人，免去了李凯的后顾之忧，自己现在已经错过了再重新找工作的年龄，也缺乏社会经验，离婚以后的生活没有保障。最终法院判决李凯向孙薇支付 5 万元补偿金。这个数额与孙薇主张的数字相差 10 倍。

❤ ❤ ❤ ❤ ❤ ❤ ❤ ❤ ❤ ❤ **案例分析** ❤ ❤ ❤ ❤ ❤ ❤ ❤ ❤ ❤ ❤

全职太太和劳务补偿

女性基于天然的属性，在照顾家庭和抚育子女方面往往要比男性更为细心和耐心。所以，在很多家庭中，只要男性的收入达到一定程度，女性则自愿或者被迫从职场回归家庭，男性可以毫无后顾之忧地去发展自己的事业，于是就衍生了"全职太太"这个称谓。

但大多数"全职太太"并不是电视剧上所看到的没事闲聊聚餐，而是从职场回归后身兼数职，集厨师、辅导老师、保姆为一体，全年无休，但无固定工资。这一切在丈夫眼里可能是"应该的"，因为是丈夫在赚钱养家。

以此循环，家务劳动不会被看到价值所在。一旦经济条件好的一方想要动摇夫妻感情，基于双方的收入差距，婚姻关系很容易瓦解，在财产分割方面，妻子一方也会比较被动，因为对于财产线索很可能都无法掌握。最后获得的微薄补偿，也是基于时间累积的低效报酬，是同等时间下，在职场上创造的价值完全不同的计算标准。所以劳务补偿不是回报，是象征性补偿。

《民法典》第一千零八十八条规定："夫妻一方因抚育子女、照料老年人、协助另一方工作等负担较多义务的，离婚时有权向另一方请求补偿，另一方应当给予补偿。具体办法由双方协议；协议不成的，由人民法院判决。"

这一条规定赋予了对家庭负担较多义务的一方要求另一方补偿的权利。但是其功能在于在夫妻共同财产分割的基础上，对家庭义务承担较多一方的权利给予救济和平衡，目的是让付出较多的一方获得心理上的一种安慰，并非通过这种方式让某一方在婚姻中获取利益，另外也是让承担家务劳动的一方获得另一方的认可和支持，改变大众对全职太太应理所当然做家务的观念。

婚姻律师小课堂

如何评估劳务补偿和尽可能多获取？

　　每位家庭成员都会在家庭中得到立足社会的基本物质和精神支持。对家务劳动价值的认可，是立法的一大进步，但实质上仍不鼓励女性在家当全职太太，婚姻中经济独立依然很重要。在实际生活中，如果需要在争取劳务补偿时，可以从两方面努力。

　　第一，对于补偿数额的多少，司法实践中更应根据双方结婚的年限，家庭财富的多少，抚育孩子、照顾老人付出精力多少，另一方在婚姻期间所获得利益的多少等多种因素来确定。

　　所以在夫妻共同生活期间，承担照顾家庭较多义务的一方要尽可能了解配偶的收入情况，在家庭财产购置时要求署名，对于配偶升职、加薪的情况要留存相关的证据，例如聘书、劳动合同等。除此之外，对于自身照顾子女、赡养老人方面也要注重相关视频或者音频的保存，例如一方多次或长期出差，另一方要承担较多接送孩子的义务。

　　第二，在举证方面，主张家务劳动补偿的一方责任更重。因为家务劳动补偿需要由主张的一方主动提出，而法院并不会主动适用《民法典》关于家务劳动补偿的规定，根据"谁主张谁举证"的原则，主张家务劳动补偿的一方需要证明自己在抚育子女、照顾老人、协助另一方工作等方面负担了较多的义务。而婚姻生活中，基于双方的信任，一般不会特意收集证据，只有在夫妻感情出现裂痕时，才会想到如何更好地维护自己的权益，但是此时很可能已经错过最佳的取证时机，所以对于举证一方来说存在现实的"举证难"问题。

从《民法典》生效以后，媒体也报道了多例各地"家务劳动补偿第一案"。家务劳动在社会活动中一直表现得不明显，是一种没有薪酬的劳动方式，甚至没有存在感，但是家务劳动的价值确实不容忽视，因为对另一方创造社会价值的认可具有重要意义。所以法院依据《民法典》第一千零八十八条之规定，确定经济补偿时，应当全面综合考虑。而作为主张经济补偿这一方，主张具体数额时，应向法庭提供相应的依据，例如双方结婚以后，一方照顾家庭的时间，比如离职证明、离职时自己的工资收入标准；列举承担家务劳动的类型以及时长，提供工作内容的相关证据；提供一方离开工作职务时另一方收入情况与当前收入情况的对比，差值自然也反映出另一方所获得的财产的利益；还可以提供对方相应的执业资格证书、所获得的专业职称、知识产权等，这都应作为计算经济补偿数额的基础。

另外，需要提示的是，负担较多家庭义务的一方，提出经济补偿，必须在协议离婚或者诉讼离婚过程中提出，如果在离婚以后提出，法院是不予受理的。之所以有这样的限制，是因为经济补偿请求权是法律赋予负担较多家庭义务一方的权利，不会存在客观障碍，如果将该项权利扩大至离婚以后，不利于双方尽快解决争议，也不利于双方开展新的生活。

夫妻共有财产，如何约定？

　　夫妻在婚姻关系存续期间，如果没有约定财产归属，不论各方收入情况如何，均归夫妻共同所有。《民法典》第一千零六十二条规定：夫妻对共同所有的财产，有平等的处理权。也就是夫或妻的财产，在婚姻关系解除前，如果没有约定财产归属，不论各方收入情况如何，均归夫妻共同所有。

　　那夫妻之间共有财产如何约定，才能保护自己的私有财产不受侵害呢？

　　从婚后房产到一方投资经营，从对方贷款到婚外赠与，这些都应该明明白白进行约定。

你看《三十而已》顾佳怼林有有那场戏了吗？"你们俩吃过多少次晚餐,开过多少次房,酒店的钱,你的房租,一笔一笔给我算清楚,他为你花的每一分钱,都是我们夫妻共同的财产,我有权利让你还回来！"

简直太爽了！女人就是应该像顾佳这样有底气！

我们真有必要学一些基本的法律常识,这样才能保护自己！

没错！我最近就打算赶紧买房,这样就是婚前资产,就算离婚了也不用和对方分,不然婚后买就成夫妻共同财产了。

也不一定！我最近在看这本书,婚后买房也可以成为个人财产的。你拿去看看吧。

房产：
婚后买房三问

关于"假离婚"买房的现象，大多是指夫妻双方采用"假离婚"的方式，即先办理离婚，使双方恢复到单身状态，达到规避限购政策，享受相关利益的目的，名义上"离婚"了，签订了书面的离婚协议，民政局也有存档备案。在获得相关利益后，双方办理复婚手续。

但是，从离婚到复婚，并非一朝一夕，很多人窃喜地从民政局领到了离婚证，房买了，车也买了，但是因为离婚协议签订得不规范，或者一方反悔不再复婚，导致人财两空，这种现象也经常出现。

 婚后房产证上写谁的名字重要吗？

婚后购买的房产，一般情况下属于夫妻共同财产，无论是首付还是偿还的贷款均来源于夫妻双方共同的收入。也是基于夫妻共同财产的性质，大多数人是不在乎房屋具体登记在哪一方名下的。其实，只要夫妻关系稳定，确实登记在哪一方名下都无所谓，但是，双方感情若出现裂痕，需要通过诉讼去解决财产分配问题时，房屋权属登记确实会一定程度上影响房屋所有权的最终归属。

❤ ❤ ❤ ❤ ❤ ❤ ❤ ❤ ❤ ❤ ❤ ❤ **典型案例** ❤ ❤ ❤ ❤ ❤ ❤ ❤ ❤ ❤ ❤ ❤ ❤

李晓娟和葛成伟结婚以后一直和父母一起居住，时间长了婆媳矛盾就出现了，尤其是有了孩子以后，因带孩子的观念常有不同，老两口和小两口经常发生口角。李晓娟早就提出到外面单独住，丈夫也担心时间长了矛盾会更尖锐，于是两个人东拼西凑，在五环边上付了一个小两居的首付，以葛成伟的名义贷了款，一家三口算是有了独立住房。可是刚搬出来没多久，受新冠肺炎疫情的影响，李晓娟和葛成伟先后失业，一家三口又不得不搬回父母家，将新房出租，租金用于还房贷。

搬回父母家后，李晓娟发现丈夫经常半夜三更和原来的女同事微信聊天，夫妻俩的矛盾也爆发了，李晓娟提出了离婚，葛成伟也觉得自己多年的忍让和迁就到头了，不想一切都听从妻子的了，于是他也同意了离婚。两人争议的就是婚后购买的房屋到底归谁。最终，因为房屋归属协商不成，葛成伟起诉了。

法院认为，房屋是婚后购买的，出资来源于夫妻共同财产，房屋属于夫妻共同财产，鉴于房屋是以葛成伟名义办理的贷款，以及房屋权属登记在葛成伟名下，房屋判归葛成伟所有，葛成伟向李晓娟支付房屋补偿款。

❤ ❤ ❤ ❤ ❤ ❤ ❤ ❤ ❤ ❤ ❤ ❤ **案例分析** ❤ ❤ ❤ ❤ ❤ ❤ ❤ ❤ ❤ ❤ ❤ ❤

在有些地方，房屋交易过户手续审核得并不严格，在签订买卖合同或者办理过户登记时，可能只需要权属登记方签字即可，并不需要配偶配合。为了防止一方私自转移财产，建议登记双方姓名。当然，在实施限购政策的地区，登记双方姓名会产生占用购房指标的问题，那么可以根据自身情况进行登记。

婚姻律师小课堂

根据《民法典》第一千零六十二条关于夫妻共同财产的规定，婚后购买的房产属于夫妻共同财产。在财产性质上没有争议，但是在离婚诉讼中，如果仅有一套房屋，房屋的权属登记会影响法院判决房屋的归属。

如果仅有的一套房屋登记在一方名下，双方在离婚诉讼时，均主张房屋的所有权，为免除烦琐的过户手续，法院一般倾向于将房屋判归权属登记一方，取得房屋所有权的一方向另一方支付房屋补偿款。

如果仅有的一套房屋登记在双方名下，双方在离婚诉讼时，均主张房屋所有权，法院会倾向判归抚养孩子一方或者曾有父母出资资助购房的一方。

如果有多套房屋，且各自名下均有登记房屋的，法院会结合权属登记情况，判决各自名下的房屋归各自，产生的差价互相补偿。

假离婚买房值得吗？

♥♥♥♥♥♥♥♥♥♥♥ 典型案例 ♥♥♥♥♥♥♥♥♥♥♥

张小亮与高小燕于 2005 年登记结婚，婚后生育一子、一女。2016 年二人想要购买二套房，以此改善家庭生活质量。但是双方婚后已经购买过一套房产，登记在高小燕名下，根据政策，两人购买二套房要承担更高的首付和贷款利率。

在看房的过程中，张小亮和高小燕通过中介了解到，如果双方恢复单身身份，将婚内的房屋归一方所有，另一方就可以取得购房资格了。虽然双方也犹豫了一段时间，但是基于双方对彼此的信任，最终还是决定以"假离婚"的方式使得张小亮获得在京购首套房屋的指标，并且享受相关政策优惠。

于是张小亮和高小燕在 2016 年到民政局签署了《离婚协议书》并办理了离婚登记手续。《离婚协议书》约定："一、两个孩子由女方抚养，男方每月支付 10000 元抚养费至孩子年满 18 周岁；二、位于北京市海淀区的 306 号房屋归高小燕所有；三、车辆归张小亮所有；四、各自名下存款归各自所有。"还有一部分财产并未体现在《离婚协议书》中。

办完离婚协议以后，双方虽然领取了离婚证，但是仍共同生活。此后共同看房，很顺利地买下了 200 平方米的别墅。签订购房合同以后，两人还做了一份公证，将别墅公证为各自占 50% 的份额。"假离婚"一年以后，双方在 2017 年年底又办理了结婚登记。

但是，复婚后仅半年多的时间，双方开始因家庭琐事发生矛盾，逐渐发展为冷战，持续一年后，张小亮起诉离婚了。在离婚诉讼中，张小亮提出要求分割 306 号房屋。但因已经存在《离婚协议书》，法院认为已经分割完毕，如有其他理由可另案主张。后张小亮又起诉确认《离婚协议书》中财产分配的条款无效。

而高小燕不同意张小亮的诉讼请求，表示双方离婚是经过慎重考虑的，离婚原因是双方经常因生活琐事发生矛盾，感情不和才离婚的。在签订《离婚协议书》的同时签署了《离婚登记询问笔录》，确认双方具备完全民事行为能力，对子女抚养、财产及债务处理协商一致，离婚协议内容没有错误，是双方真实意思表示。306 号房屋已经在第一次离婚时处理完毕。

最终法院处理的结果是驳回了张小亮的诉讼请求。

♥ ♥ ♥ ♥ ♥ ♥ ♥ ♥ ♥ ♥ ♥ ♥ ♥ **案例分析** ♥ ♥ ♥ ♥ ♥ ♥ ♥ ♥ ♥ ♥ ♥ ♥ ♥

法律规定民事主体从事民事活动，应当遵循诚信原则，秉持诚实、恪守承诺。张小亮作为完全民事行为能力人，应当承担自身行为产生的法律后果。

张小亮与高小燕于 2016 年经民政部门协议离婚，双方就子女抚养、共同财产分割已经达成一致意见，且张小亮在询问笔录中多次确认该离婚协议是真实意思表示。

该离婚协议中对双方解除婚姻关系，后续子女抚养、对方抚养费的给付及探望权的行使，共同财产中房产、车辆及存款的分割均做出了清晰的处理，协议内容也并不违反法律法规强制性规定，双方均应按此协议行使权力履行义务。

张小亮虽坚称双方仅系为取得购房资格而虚假离婚，但高小燕对此不予认可，且从双方对财产的处理来看不仅限于分割房产，张小亮亦未提供直接证据证明签订协议时系双方互相串通提供虚假的意思表示，故张小亮要求确认双方签订离婚协议中财产分割条款无效是无法得到法院支持的。如双方离婚时再次分割财产，306 号房屋不再是夫妻共同财产范围，而是高小燕的婚前个人财产。

婚姻律师小课堂

经济条件提高，改善家庭居住环境的想法可以理解，但是通过一些手段去规避国家政策，必然会带来一定的风险。针对本案中张小亮来说，只有掌握签订离婚协议时遭受了欺诈或者胁迫的证据，才能依据《最高人民法院关于适用〈中华人民共和国民法典〉婚姻家庭编的解释（一）》第七十条的规定主张撤销离婚协议，否则只能承担所谓"假离婚"带来的后果。

夫妻间最好不要通过这种方式去挑战双方对婚姻的忠诚度，更不要挑战对彼此的信任。因为不存在"假离婚"的概念，一旦办理离婚登记，双方关系解除，互相不再有责任和义务。而离婚到复婚期间无法预知会出现什么事件，但产生的法律后果却是实实在在的。

如果已经采取了所谓"假离婚"的方式，建议在完成购房行为后及时复婚，并重新对财产分配进行约定，以书面的形式明确此前签订的离婚协议书无效。

"假结婚"买房这种方式可以实现节省资金的目的，但也会带来人财两空的风险。遵守法律、遵守政策，方能获得法律的保护和政策的福利。

婚后买房如何成为个人财产？

现如今，很多夫妻在婚后买房这样的大事上，都可能会面临这样的问题：婚前限于经济条件，婚后想用积蓄买房，如何避免成为共同财产？可能很多人只是有这样的想法，但是担心影响夫妻感情或者觉得影响不大，在婚后买房时也不敢表露自己的想法，就稀里糊涂地把房子买了。若双方婚后生活能一直幸福，倒也没什么。但是，一旦婚姻出现变故，可能就会后悔。

根据现行法律规定，一般而言，凡是夫妻双方在婚后出资购买房屋，无论是以一方名义购房还是以双方名义购房，最终无论登记在哪一方名下，房屋都属于夫妻共同财产。既然如此，想要使婚后购买的房屋成为一方的个人财产，那就要在婚后买房的时候注意了。

下面我们通过一个案例来分析，婚后买房，如何规避风险。

❤ ❤ ❤ ❤ ❤ ❤ ❤ ❤ ❤ **典型案例** ❤ ❤ ❤ ❤ ❤ ❤ ❤ ❤ ❤

郑伟与前妻育有一女，离婚后郑伟带着女儿独自生活。赵圆与前夫育有一子，二人离婚后，儿子由前夫抚养。后经人介绍，郑伟与赵圆相识，相识后不久，二人便领证结婚，婚后住在郑伟婚前的个人房屋里。

婚后，双方想买一套大一点的房子，于是，郑伟将其另一套婚前房屋出售。但当时未在房屋出售后立即买房，该笔售房款与郑伟婚后的收入、存款混在了一起，其间也用于共同生活支出。在双方反复看房之后，终于签下了一套房屋，用出售郑伟婚前房屋所得款项的剩余部分及婚后的共同存款，贷款购买了房子，并登记在了郑伟与赵圆名下，系双方共同共有。原本郑伟也有心思想把房子写在自己名下，双方写一份协议，约定房屋权属，但担心影响夫妻感情就没有提。

婚后没几年，双方感情生变，赵圆向郑伟提出离婚，要求平均分割房屋。郑伟同意离婚，但不同意平分房屋，房屋一大部分是出售自己婚前房屋的钱，自己应该多分。

但在诉讼过程中，法院通过双方举证查明，首先房本登记在双方名下；其次，从房屋出资上来看，郑伟出售婚前房屋所得的房款其中一部分已经消耗，剩下的购房款已经与郑伟婚后的收入、存款发生混同，无法区分。故法院最终认定涉案房屋系双方夫妻共同财产，应平均分割，房屋归郑伟所有，郑伟向赵圆支付一半折价款。

❤❤❤❤❤❤❤❤❤❤❤❤ 案例分析 ❤❤❤❤❤❤❤❤❤❤❤❤

上述案例中，原本是郑伟的婚前房屋，但经过一遭婚姻后，成了夫妻共同财产，在离婚时，面临着被分走一半的命运。为什么会如此呢？主要是郑伟在婚后买房时没有注意，将自己的婚前财产与婚后财产发生了严重混同，而且将房屋登记在了郑伟和赵圆双方名下，由此引发了房产分割的争议。

结合法律规定及司法实践分析，以下四种做法容易引发房屋权属的争议：

第一，将婚前与婚后财产发生严重混同，无法区分婚前财产与婚后财产；

第二，未及时在出售房屋后立即买房，其间犹豫耽搁的时间较长；

第三，将房屋登记在了双方名下，一般均认为共同共有；

第四，未签署夫妻财产约定协议，约定房屋归属。

在以上这几个因素的共同作用下，极易导致婚前房屋在置换成婚后房屋时，婚后购买的房屋被认定为夫妻共同财产。

那么，如果想让婚后购买的房屋成为自己个人的财产，该注意哪些呢？

三点做好财产安全隔离

在婚后买房，若希望房屋属于其中一方的个人财产，而非共同财产，可以从以下几点入手。

（1）若一方以其婚前个人财产转化而来的款项在婚后全款购买房屋，且登记在出资方个人名下，则该房屋属于出资方的个人财产。

如果当事人不放心，也可签署夫妻财产约定，将房屋权属约定清楚；不可将房屋登记在双方名下或登记在对方名下，否则需要签署夫妻财产约定协议，约定房屋归属于哪一方，并办理房屋过户手续；

（2）若婚后双方以共同收入购买房屋，无论房屋登记在哪一方名下，都系夫妻共同财产，但若双方签署夫妻财产约定，约定该房屋属于其中一方的个人财产，如此也可避免房屋变为共有；

（3）若婚后双方买房，出资中既有婚后财产，又有一方婚前个人财产，无论房屋登记在哪一方名下，如果想避免房屋成为共有，最好也签署夫妻财产约定，约定房屋归属于其中一方，并办理房屋过户登记手续，以免后续引发纠纷。

除此之外，还可从以下两方面入手去规避未来的纠纷及风险。

1. 婚前财产、婚后财产分开保管，并保留交易凭证

到底是婚前财产还是婚后财产，有两个判断的时间点：一个是结婚登记的时间，一个是购置财产的时间。在结婚登记之前购置的财产，一般是婚前个人财产；在结婚登记之后购置的财产，一般是婚后夫妻共同财产，除非对方有充分的证据证明该婚后财产的取得完全系其个人财产转化而来。

对于"婚前买的房，婚后卖掉再买，是不是就变成了共同财产"这个问题来说，若想不变成共同财产，需要保存《房屋买卖合同》和转账凭证，同时注意新开一个账户存放婚前的这套房售出的财产，不要与婚后所得的存款储存在一起。如果将婚前的钱与婚后的钱都存在一起，而且账户有进有出，就很难证明该存款中的部分存款系出卖自己的婚前房屋所得。所以为了避免这样的风险，最好还是分开存放。

因此，要注意保管好自己的婚前财产，不要贸然将这部分个人财产卖掉，然后购买其他财产。个人财产变成货币，从法律上来说，虽然这时候的货币仍然是个人财产，如果没有动过则没有问题，但一旦动过，就在自己身上多了举证责任，即必须举证证明该货币系出卖个人财产所得，如果证明不了，那么极有可能被认定为夫妻共同财产。

2. 双方事先签署协议，约定房屋份额

变卖婚前房产之后，若婚后购买其他房产，这时候最好全部用个人财产购买。因为新资产取得的时间是婚后，如果不是全部用个人财产购买，而是使用了婚后的夫妻共同财产，就可能导致新购买的房产变成夫妻共同财产。此外，双方婚后购房或父母帮忙出资为夫妻双方婚后购房，登记在其中一方或双方名下，则房产一般也被视为夫妻共同财产。

因此，若夫妻双方在婚后购房，又希望房屋为夫妻一方的个人财产，则夫妻双方可以在事前进行沟通，进行夫妻财产约定，将房屋约定为一方所有。否则双方未进行夫妻财产约定，房屋的权属就不好说了，在离婚时极易引发财产分割的纠纷。

从相关法律规定和司法实践能够看出，想要将婚后购买的房屋变为一方个人财产，比较有效的方法是双方进行夫妻财产约定，同时在购房时保存好相关证据，也要注意区分婚前个人财产和婚后夫妻共同财产。

投资：
创业型夫妻婚变的风险

现如今，人们手中的财富不断增长，获取财富的方式也不断丰富。为了增加个人及家庭财富，即使是婚前，个人的投资经营行为也不断增多，更何况是婚后，无论是夫妻一方，还是夫妻双方，投资创业的行为更是屡见不鲜。若夫妻发生婚变，对于无论是一方还是双方投资经营所创造的财富，夫妻双方该如何分割呢？该如何保护自己的权益呢？

● ● ● ● ● ● ● ● ● ● ● ● ● **典型案例** ● ● ● ● ● ● ● ● ● ● ● ●

林冬与白晶结婚十年，婚后生育一子。在婚姻关系存续期间，双方以二人积攒的存款共同创业，成立了一家公司。在公司成立时，当时因种种原因，林冬与其父亲成了公司股东，林冬占股55%，林父占股45%。但林父从不参与公司经营，公司主要由夫妻二人经营，通过二人的努力，公司规模越来越大。

在公司走上正轨之后，为了照顾家庭及孩子，白晶逐渐从公司经营中退出，不再了解公司的经营情况，林冬每月会固定给白晶一笔生活费。白晶偶尔也会听林冬说最近又进行了哪项投资，在哪买了房子，又购买了诸如股票、基金、保险等理财产品，但白晶也没有在意，听过就忘，一心照顾家庭。

但白晶没有想到有一天林冬会向她提出离婚，在林冬提出离婚之后，白晶也进行过各种婚姻挽回的努力，但林冬态度坚决，毫无挽回余地。白晶眼见挽回无望，便同意离婚，要求分割财产，但是在罗列双方的共同财产时，白晶才发现自己仅知道自己现在住的房子一套和自己常开的一辆车，以及二人创业的公司。对于林冬以前提到的股票、基金、房产等其他投资的信息，白晶一概不知，而且林冬在公司只占股55%，其余45%股权在林父名下且出资款来自林父的银行账户。不仅如此，公司及林冬还有债务。即使通过离婚诉讼，双方也只能就现有的财产进行分割，而且还可能承担债务，对于其他的财产，白晶则毫无线索。

　　最终，白晶考虑之后，答应了林冬的离婚条件。在现有的财产范围，白晶得到三分之一，孩子抚养权归白晶，林冬每月支付抚养费2万元，债务由林冬个人偿还，双方协议离婚。

♥♥♥♥♥♥♥♥♥♥♥♥♥ **案例分析** ♥♥♥♥♥♥♥♥♥♥♥♥♥

　　上述案例中，林冬与白晶在婚后以双方积攒存款共同创业，成立公司，后又以经营所得进行各种理财投资。

　　原本，林冬与白晶之间也未进行任何夫妻财产约定，若公司在成立之时，股东为林冬与白晶，则公司全部以及以公司经营所得收益进行的各种投资收益均属于林冬与白晶的夫妻共同财产，在离婚时，双方都可分得一半。

　　但是，在成立公司之时，白晶没有成为公司的股东，反而林父成了股东，股权出资亦来自林父账户，这使得夫妻共同财产减少了45%的公司股权及其带来的相应收益；其次，白晶后期为了照顾家庭及孩子，退出了公司经营，不了解公司的经营状况，对于林冬从事的各项投资行为也不清楚、不掌握，如此导致白晶不掌握家庭的财产及相关线索，在离婚中极为被动，不仅无法争取到自己原本应该得到的一半财产，可能还背负债务，无法保护自己的合法权益。

《民法典》第一千零六十二条规定，夫妻在婚姻关系存续期间所得的下列财产，为夫妻的共同财产，归夫妻共同所有：（一）工资、奖金、劳务报酬；（二）生产、经营、投资的收益；（三）知识产权的收益；（四）继承或者受赠的财产，但是本法第一千零六十三条第三项规定的除外；（五）其他应当归共同所有的财产。

通过上述案例可知，在婚姻关系中，无论一方还是双方进行投资经营或者共同创业，若未来双方感情生变，对于婚姻中处于弱势或者不掌握家庭财产的一方来说，存在极大的不利及风险，可能只能分得极小部分财产，甚至分不到财产，背负一身债务。

那么，创业型夫妻婚变的后果和风险具体有哪些呢？

其一，如果双方成立企业，则可能会影响企业的形象及正常运营。多数创业型夫妻会选择成立企业，当双方发生婚变，自然面临财产分割问题，那么双方成立的公司就可能会成为争夺的重点了，若双方为了争夺公司控制权而不顾公司的利益，则很可能会导致公司形象严重受损，甚至影响公司正常运营，导致企业动荡不安，最终双方可能都得不偿失，两败俱伤。

其二，若双方成立公司后，夫妻一方因家庭或其他原因退出公司经营，在遭遇婚变时，因不掌握公司经营状况及收益情况，极易导致其在离婚时处于被动地位，分到很少的财产，甚至分不到财产还背负一身债。

因此，若婚后，家庭中存在投资经营，夫妻双方之间除了要彼此信任，在公司经营、财务报表、股东名册等各个方面，做到信息互通有无、公开透明；在股权设置上，也要精心安排，最好双方都享有股权；在公司经营上，双方都担任一定的职务，参与到公司经营中；在其他投资理财方面，双方也应相互沟通，注意留存相关文件资料。此外，双方也可以通过婚内财产协议对双方名下的财产进行安排。

综上，在婚姻中，无论哪一方都应积极参与家庭财富的创造，且尽可能掌握财产及相应财产线索，如此若遇到婚变才能掌握主动权，保护自己的合法权益。

俗话说，夫妻共患难容易，共富贵却很难。很多创业型夫妻熬过了创业时的艰难，却没能抵得住富贵后的各种诱惑，最终家庭分崩离析，引发了财产分割大战，有的分得多，有的分得少，甚至有的什么也分不到。因此，无论是婚后一方投资经营还是双方共同创业，双方都应互相信任，尽可能了解并掌握投资经营项目的所有情况，如此才能更好地保护自己的合法权益。

债务：
对方贷款如何不连累自己？

《民法典》第一千零六十四规定："夫妻双方共同签名或者夫妻一方事后追认等共同意思表示所负的债务，以及夫妻一方在婚姻关系存续期间以个人名义为家庭日常生活需要所负的债务，属于夫妻共同债务。

"夫妻一方在婚姻关系存续期间以个人名义超出家庭日常生活需要所负的债务，不属于夫妻共同债务；但是，债权人能够证明该债务用于夫妻共同生活、共同生产经营或者基于夫妻双方共同意思表示的除外。"

根据上述《民法典》关于夫妻共同债务的法律规定，我们将夫妻共同债务划分为"基于夫妻双方合意的夫妻共同债务、基于'家庭日常生活需要'的夫妻共同债务、基于'共同生活''共同生产经营'的夫妻共同债务"三种债务类型。夫妻共同债务的认定涉及债权人以及夫妻双方的切身权益，近年来，现实生活中夫妻一方举债，"连累"配偶（多为女性）的情况普遍发生，为规避此类风险，了解法律规定、司法判例，从中吸取经验，尤为必要。

 "基于夫妻双方合意的夫妻共同债务"之认定

❤ ❤ ❤ ❤ ❤ ❤ ❤ 典型案例 ❤ ❤ ❤ ❤ ❤ ❤ ❤

李雷与韩梅梅是夫妻。2018 年 9 月至 2019 年 8 月期间，韩梅梅与张三签订借款合同，借款 30 万元，由张三先后多次通过银行和支付宝转账形式划款。其中，张三将 3 万元借款划至李雷的银行账户并备注"借出 3 万"。而后李雷与韩梅梅夫妻二人共还款合计 5 万元，其中 3 万元是通过李雷的账户转账。2020 年 7 月，张三通过微信要求李雷还款，李雷通过微信表示会尽快还款。之后，张三起诉主韩梅梅、李雷共同偿还借款。而李雷说自己对借款不知情也没有使用借款，所以不同意还钱。

❤❤❤❤❤❤❤❤❤❤❤❤　**案例分析**　❤❤❤❤❤❤❤❤❤❤❤❤

　　《民法典》第一千零六十四条规定，"夫妻双方共同签名或者夫妻一方事后追认等共同意思表示所负的债务"。据此可知，"基于夫妻双方合意的夫妻共同债务"的认定核心在于，夫妻双方是否都对债务有共同的意思表示。

　　意思表示分为明示的意思表示与默示的意思表示，因此共同的意思表示方式包括夫妻双方共同签名、夫妻一方事后追认等明确表示与另一方共同承担债务的意思表示，实践中还有非举债一方在债权人催款时以个人账户偿还借款、非举债一方以个人财产为借款设立抵押等夫妻中未举债一方默示同意共同承担债务的意思表示。

　　关于默示的意思表示，"要求非举债方知晓债务的存在和具体数额，或至少要求其知晓'举债事实'是必要的""将'知晓且未提出异议'作为共同举债的合意的推定方式"。根据相关规定和相关司法判例，可以推定夫妻有"共同举债的合意"的具体情形包括但不限于：非举债方以个人银行账户向债权人还款，非举债一方提供个人银行账号接受债权人相应借款，或举债一方将所借款项汇入配偶掌握的银行账户控制的账户，非举债方为案涉债务提供担保，等等。

　　"基于夫妻双方合意的夫妻共同债务"的举证责任分配：债权人需举证证明夫妻共同举债的意思表示，对于默示的意思表示"将'知晓且未提出异议'作为共同举债的合意的推定方式"。

本案中，虽然李雷未在借款合同上签字，但其银行账户收取的 3 万元清楚备注为借款，而且李雷曾参与还款，也曾通过微信承诺还款。张三提供的证据足以证实李雷对借款"知晓且未提出异议"，涉案债务是基于夫妻二人共同意思表示，该债务应当认定为夫妻共同债务。

 ## "基于'家庭日常生活需要'的夫妻共同债务"之认定

• • • • • • • • • • • 典型案例 • • • • • • • • • • •

李雷与韩梅梅是夫妻。2017 年 1 月，李雷向银行抵押贷款 10 万元用于购车，李雷在签订借款合同时向银行提供了结婚证复印件。李雷未能按照约定还款，银行遂诉至法院，要求李雷与韩梅梅夫妻共同承担还款义务。李雷与韩梅梅经法院传唤未到庭参加诉讼。

• • • • • • • • • • • 案例分析 • • • • • • • • • • •

《民法典》第一千零六十四条规定，"夫妻一方在婚姻关系存续期间以个人名义为家庭日常生活需要所负的债务，属于夫妻共同债务。夫妻一方在婚姻关系存续期间以个人名义超出家庭日常生活需要所负的债务，不属于夫妻共同债务"。据此可知，"家庭日常生活需要"的界定十分重要。

《民法典》及司法解释并未界定何谓日常生活，司法实践亦难以确定严格的判断标准。一般认为，家庭日常生活需要是指通常情况下夫妻双方及其共同生活的未成年子女必要的家庭日常消费支出，包括衣食消费、日用品购买、子女教育支出、医疗保健、娱乐文化消费等，同时家庭日常生活需要的内涵和外延随着经济社会的发展不断变化。

根据部分省市高级人民法院出台的具体指导意见，是否系"家庭日常生活需要"，应当结合夫妻现实感情状况、债务金额、借款用途、家庭背景以及当地一般社会生活习惯等方面综合判断。

"基于'家庭日常生活需要'的夫妻共同债务"举证责任分配：债权人仅需证明夫妻一方以个人名义负债即债务存在、债务符合"家庭日常生活需要"，无须另行举证；非举债配偶方如果反驳主张不属于夫妻共同债务的，则需要举证证明举债人所负债务并非用于家庭日常生活。

本案中，银行提供了李雷在签订借款合同时出示的结婚证复印件，李雷与韩梅梅没有到庭应诉也没有提供证据，涉案债务发生在夫妻关系存续期间，且购置汽车用于日常出行，属于家庭生活的正常开支范围，在李雷与韩梅梅没有提供相反证据的情况下，该债务应当认定为夫妻共同债务。

"基于'共同生活''共同生产经营'的夫妻共同债务"之认定

典型案例

包工头李雷长期挂靠甲公司承接建设工程。某日，李雷向甲公司借款300万元，并书面承诺借款用于解决工人工资和施工材料，随后甲公司将借款支付至李雷指定的第三方供应商，但此后李雷未依约还款。甲公司向法院起诉，认为李雷的韩梅梅作为家庭成员分享了借款及工程项目产生的利益，涉案债务属于夫妻共同债务，要求李雷和韩梅梅夫妻共同偿还借款。

• • • • • • • • • • • ♥ **案例分析** ♥ • • • • • • • • • • •

《民法典》第一千零六十四条规定，"夫妻一方在婚姻关系存续期间以个人名义超出家庭日常生活需要所负的债务，不属于夫妻共同债务；但是，债权人能够证明该债务用于夫妻共同生活、共同生产经营或者基于夫妻双方共同意思表示的除外"。据此可知，判断"家庭日常生活需要"债务的标准分为夫妻共同生活标准和夫妻共同生产经营标准。

夫妻共同生活标准

根据相关规定，"夫妻共同生活"这一概念较"家庭日常所需"更为广泛，是指夫妻双方共同消费支配产生的支出、形成夫妻共同财产所产生的支出或基于夫妻共同利益管理共同财产所产生的支出等。

夫妻共同生产经营标准

最高人民法院在2018年发布《关于审理涉及夫妻债务纠纷案件适用法律有关问题的解释》时曾提出："判断生产经营活动是否属于夫妻共同生产经营，要根据经营活动的性质以及夫妻双方在其中的地位作用等综合认定。而经营活动是否合法、是否违背公序良俗等均影响经营活动的性质的认定。"

对于夫妻共同生产经营所负的债务，包括夫妻双方经营性负债，即由夫妻双方共同决定生产经营事项所负的债务，包括夫妻一方经营性负债，即夫妻一方从事生产经营但另一方进行了授权或所得利益用于夫妻共同生活所负的债务。

"基于'共同生活''共同生产经营'的夫妻共同债务"举证责任分配：法律明确了此类夫妻共同债务的证明责任，即由债权人证明债务用于夫妻共同生活或者共同生产经营，或者债务系基于夫妻双方共同的意思表示。

本案中，李雷的借款 300 万元明显超出家庭日常生活需要，借款承诺书载明用途为工程建设，而且甲公司直接将借款向李雷指定的供应商支付，故涉案债务并非为家庭日常生活需要所负或用于夫妻共同生活。同时李雷有稳定的工作和收入，在甲公司不能提供证据证实李雷与韩梅梅有共同经营行为、涉案债务基于李雷与韩梅梅共同意思表示而产生的情况下，该债务应认定为李雷的个人债务。

生活中当夫妻一方举债，举债方、非举债方、债权人需要注意以下事项，以防范风险，维护自身权益。

债权人注意事项

当准备出借款项时，首先明确债务是个人债务还是夫妻共同债务。当确定为夫妻共同债务时，在考察该债务人自身的偿还能力的同时，还要考察该债务人的婚姻情况、家庭状况、经济能力等。为防范风险，最稳妥的方式是让举债人夫妻双方"共签共认"。

夫妻举债一方注意事项

若确定为夫妻共同债务或夫妻一方债务，举债时夫妻一方应对借款用途、划账方式、收款账户等做出周全明确的安排。

若债务已经形成，该债务为举债方个人债务，为避免该债务被认定为夫妻共同债务，举债方应尽快搜集证据证明借款并非用于夫妻共同生活、共同生产经营，同时提醒另一方配偶注意，避免被债权人通过某些如电话录音、短信的形式固定追认债务的意思表示；

若债务已经形成，该债务为夫妻共同债务，为避免该债务被认定为个人债务，夫妻一方可通过书面协议、电话、微信、短信或邮件等方式将所负债务取得另一方配偶的追认。

夫妻非举债一方注意事项

夫妻一方对于配偶的借款行为应当保持高度警觉，因为一旦与配偶共同签署借款协议或追认配偶的债务，将面临承担共同还款的法律责任，除非有证据证明被欺诈、胁迫、显失公平等法定情形，否则无法避免承担共同还款的责任。

若夫妻一方在对方不知情的情况下举债，该债务实为举债方个人债务，为避免该债务被认定为夫妻共同债务的风险，非举债方可以通过积极搜集相关证据，如分居协议、收入证明、银行流水等降低"被负债"的风险。同时提高注意，避免被债权人固定事后追认承诺还债的证据。

婚外情：
婚外赠与能要回吗？

婚外情对婚姻是致命的，感情的出轨，不仅是对婚姻的背叛，更是对另一个人深深的伤害。"婚外赠与"是指夫妻关系中的一方将夫妻共同财产赠与给婚外第三者。夫妻一方将大额的夫妻共同财产擅自赠与他人，有几种表现形式？赠与财产效力如何？婚姻中另一方是否有权要求第三者返还？

• • • • • • • • • • • • • • 典型案例 • • • • • • • • • • • • • •

王东升与赵静系夫妻关系，双方于 1985 年登记结婚，婚后生育四个儿子和两个女儿。婚后王东升投资一家高档餐厅，赵静则负责照顾四个孩子和双方父母，2005 年赵静由于车祸导致神经受损，经鉴定为无民事行为能力人，需要人照顾。王东升让在其饭店打工的王艳玲到家中全职照顾妻子。渐渐地，王东升对比自己小 20 岁的王艳玲逐渐产生了感情，双方开始热恋，并且同居。

2021 年春天，王东升遭遇意外不幸去世，子女在整理其遗产时才发现父亲的惊天秘密，在与母亲长达 36 年的婚姻关系期间，父亲竟存在婚外情，并且通过银行卡等方式多次向王艳玲转账高达 1400 多万元，还为她购买价值 600 万的房屋，并且该房屋与母亲居住房屋为前后楼。

父亲已经去世，他的婚外赠与能要回来吗？

❤ ❤ ❤ ❤ ❤ ❤ ❤ ❤ ❤ ❤ **案例分析** ❤ ❤ ❤ ❤ ❤ ❤ ❤ ❤ ❤ ❤

首先，我们要了解婚外赠与的类型与效力。

对于哪些财产属于夫妻共同财产，哪些属于个人财产，《民法典》及司法解释有明确规定，本文第三章第四小节中也进行了解释，在此不再就夫妻共同财产、个人财产范围进行阐述。

婚外赠与的类型主要有以下两种。

（1）将个人财产赠与第三人。《民法典》第一千零六十三条关于夫妻一方个人财产的规定，以及第一千零六十五条关于夫妻约定财产制的规定，对哪些属于夫妻个人财产进行了规定。

（2）将夫妻共同财产赠与第三人。在婚姻关系存续期间，夫妻双方对共同财产具有平等的权利，因日常生活需要而处理共同财产的，任何一方均有权决定，非因日常生活需要对夫妻共同财产做重要处理决定的，夫妻双方应当平等协商，取得一致意见。

那么夫妻关系存续期间，一方擅自将夫妻共同财产赠与第三人的赠与合同效力如何认定？处分行为是否对夫妻另一方具有约束力？

最高人民法院在《中华人民共和国民法典婚姻家庭编继承编理解与适用》一书中明确说明，基于个人主义和意思自治原则，夫妻双方虽因婚姻存在共同利益，但不能完全否认各自人格的独立性，因此，夫妻一方非因日常生活需要实施的法律行为，不能当然对另一方具有法律约束力。

另外，《民法典》第三百一十一条规定：无处分权人将不动产或者动产转让给受让人的，所有权人有权追回；除法律另有规定外，符合下列情形的，受让人取得该不动产或者动产的所有权：（一）受让人受让该不动产或者动产时是善意；（二）以合理的价格转让；（三）转让的不动产或者动产依照法律规定应当登记的已经登记，不需要登记的已经交付给受让人。受让人依据前款规定取得不动产或者动产的所有权的，原所有权人有权向无处分权人请求损害赔偿。当事人善意取得其他物权的，参照适用前两款规定。

　　婚外同居者不能满足善意取得制度的基本要求的，取得了不当利益，夫妻一方擅自将夫妻共同财产赠与婚外同居者的赠与合同属于无权处分，另一方有权要求返还。

婚外赠与如何返还？

　　根据《民法典》第一千零六十二条：夫妻对共同财产，有平等的处理权；第一千零六十六条：婚姻关系存续期间，一方有隐藏、转移、变卖、毁损、挥霍夫妻共同财产或者伪造夫妻共同债务等严重损害夫妻共同财产利益的行为的，夫妻一方可以向人民法院请求分割共同财产。夫妻一方非因日常生活需要而将共同财产无偿赠与他人，严重损害了另一方的财产权益，有违民法上的公平原则，这种赠与行为应属无效。

　　王东升与赵静对夫妻共同财产并未做出特别约定，王东升在夫妻关系存续期间向第三人大额转账，属于在夫妻关系存续期间实施的赠与第三者，所赠与的财产应属于夫妻共同财产。在王东升未征得赵静的同意，事后也未得到赵静的追认，擅自处分夫妻共同财产，侵害了赵静作为夫妻一方对于夫妻共同财产所享有的财产所有权，即是无权处分，同时该赠与行为违反公序良俗，因此，这种赠与合同应属无效。

赠与合同无效后，婚姻关系中另一方如何维护自己的权利呢？

可以存在两种解决办法：一是协商解决，通过与第三者沟通，撤销赠与合同，要求第三者返还；二是通过诉讼方式解决，由原配一方作为原告，受赠财产的三者作为被告，向人民法院提起诉讼，要求被告返还财产。

婚姻破裂时，
交割清晰守护你

Chapter 03

离婚有两种方式，第一种是协议离婚，即夫妻双方对解除婚姻关系、财产分割、子女抚养权问题达成一致意见，可以去户籍所在地民政局领取离婚证；第二种是诉讼离婚，若双方无法协商一致或达成调解一致，只能通过诉讼的方式解决。

离婚条件

离婚需要什么样的条件？

比如人们用得最多的说辞就是"夫妻感情破裂"，这样的"破裂"需要法律上的认可，比如一方失踪或存在赌博、吸毒、家庭暴力，均能成为离婚的一个条件；比如在复杂的离婚案件中，还有怀孕了如何离婚的问题，法律框架中也指出了如果不主动提出离婚则无法离婚的一些群体。

当然，离婚就要有必要的离婚条件，下面我们分门别类一一道来。

每天吵个没完，这日子没法儿过了！我们还是离婚吧！

行，以后你可别反悔。给我记住一句话，今天你对我爱答不理，明天我让你高攀不起！

好，离就离，我早就受够了。

律师，您一定要帮我，我要用最快的时间和他离婚！

目前最快速的离婚方式仍然是双方自愿协议离婚，即离婚双方就离婚事宜达成一致，签订离婚协议后，共同向离婚登记机关申请办理离婚登记。

感情破裂：
如何认定夫妻感情破裂？

　　人民法院审理离婚案件，准予或不准离婚应以夫妻感情是否确已破裂作为区分的界限。判断夫妻感情是否确已破裂，应当从婚姻基础、婚后感情、离婚原因、夫妻关系的现状和有无和好的可能等方面综合分析。

　　当然，分居时间、婚内出轨等都是判断感情破裂的重要因素。

❤ ❤ ❤ ❤ ❤ ❤ ❤ ❤ ❤ ❤ ❤ ❤ ❤ 　典型案例　❤ ❤ ❤ ❤ ❤ ❤ ❤ ❤ ❤ ❤ ❤ ❤ ❤

　　张梅梅自小勤奋努力，顺利考入某医科大学。一年国庆放假期间，张梅梅坐火车回家的路上，突然听到列车员广播找医生。张梅梅立刻来到出事的车厢，发现地上躺着一位大约五六十岁的妇女，她喘得不行，大汗淋漓，手指发绀，伴有下肢水肿……一个年轻小伙子正在对这名妇女进行抢救，他就是赵小亮。赵小亮一系列教科书式的救治让张梅梅敬佩不已。事后，张梅梅得知赵小亮在省人民医院工作，是著名心脏外科医生。

　　因偶然救助路人认识了赵小亮，张梅梅立志进入他所在的医院工作。经过五年大学的发奋努力，张梅梅以优异的成绩毕业并顺利进入该院工作。随后便开始对赵小亮展开追求，都说"女追男隔层纱"，半年后，双方确立恋爱关系。双方家长都很满意，很快便进入婚姻殿堂。

　　婚后初期，双方感情很好，然而两年过去了，张梅梅逐渐发现丈夫不仅毒舌还是工作狂，因工作原因经常不能按时回家。张梅梅怀孕生子期间，赵小亮因为工作忙，无法做到经常陪护她和儿子，一度导致她得了产后抑郁。她认为婚姻没有让她变得更好，婚后的丈夫跟自己认识的"赵小亮"不一样，婚姻生活没有想象中那么有意思，更多的是无奈的等待和无休止的争吵。

张梅梅想离婚，赵小亮不同意。张梅梅的激情和对婚姻美好而浪漫的幻想被生活的鸡零狗碎打败，她想要从这种平淡无趣的生活中获得解脱。然而，张梅梅得知通过诉讼离婚，只有达到夫妻感情破裂才会被判离婚，考虑到丈夫没有出轨、没有外遇，不知道自己这种情况是否属于夫妻感情破裂。

❤ ❤ ❤ ❤ ❤ ❤ ❤ ❤ ❤ ❤ **案例分析** ❤ ❤ ❤ ❤ ❤ ❤ ❤ ❤ ❤ ❤

本案件中，张梅梅仅以婚姻平淡、没有激情和乐趣为由起诉离婚，很明显是达不到感情破裂的程度。张梅梅与丈夫为同一个单位员工，双方有一定感情基础，并且有一个可爱的儿子，这段婚姻是非常令人羡慕的，感情暂时出现问题，可以通过双方调节来缓解，距离诉诸法律还有一段距离。

如果张梅梅坚决要求离婚，而赵小亮又不同意，通过诉讼离婚也不是不可能的。因结婚自由，离婚也应当自由，婚姻本来就是两个人两相情愿的事，如果一方不情愿了，是可以通过诉讼实现离婚的。

在《民法典》实施以后，为离婚放宽了政策，在《婚姻法》第三十二条的基础上新增了这一项内容："经人民法院判决不准离婚后，双方又分居满一年，一方再次提起离婚诉讼的，应当准予离婚。"也就是说，在张梅梅第一次起诉离婚后法院没有判决离婚，那么在双方分居满一年，张梅梅再次提起离婚诉讼的话，一般情况下，法院会判决双方离婚。

认定"夫妻感情确已破裂"的法定标准

"感情确已破裂"在司法实践中一直是一个比较难以明确具体情形的难题。结合现行规定，在离婚案件中，司法机关通常会考虑哪几个因素来确认夫妻感情确已破裂呢？

法定的离婚条件只有《民法典》第一千零七十九条明文规定的六种情形，即：

（1）重婚或者与他人同居；

（2）实施家庭暴力或者虐待、遗弃家庭成员；

（3）有赌博、吸毒等恶习屡教不改；

（4）因感情不和分居满二年；

（5）一方被宣告失踪，另一方提起离婚诉讼的，应当准予离婚；

（6）经人民法院判决不准离婚后，双方又分居满一年，一方再次提起离婚诉讼的，应当准予离婚。

认定"夫妻感情确已破裂"的参考标准

针对其他导致夫妻感情破裂的情形，最高人民法院曾做出的《关于人民法院审理离婚案件如何认定夫妻感情确已破裂的若干具体意见》（以下简称《审理离婚案件若干具体意见》）虽然《审理离婚案件若干具体意见》在民法典出台后已经废止，但其中列举的 14 种可以视为夫妻感情确已破裂的情形，作为认定"夫妻感情确已破裂"仍具有参考价值。

（1）一方患有法定禁止结婚的疾病，或一方有生理缺陷及其他原因不能发生性行为，且难以治愈的。

（2）婚前缺乏了解，草率结婚，婚后未建立起夫妻感情，难以共同生活的。

（3）婚前隐瞒了精神病，婚后经治不愈，或者婚前知道对方患有精神病而与其结婚，或一方在夫妻共同生活期间患精神病，久治不愈的。

（4）一方欺骗对方，或者在结婚登记时弄虚作假，骗取结婚证的。

（5）双方办理结婚登记后，未同居生活，无和好可能的。

（6）包办、买卖婚姻，婚后一方随即提出离婚，或者虽共同生活多年，但确未建立起夫妻感情的。

（7）因感情不和分居已满三年，确无和好可能的，或者经人民法院判决不准离婚后又分居满一年，互不履行夫妻义务的。

（8）一方与他人通奸、非法同居，经教育仍无悔改表现，无过错一方起诉离婚，或者过错方起诉离婚，对方不同意离婚，经批评教育、处分，或在人民法院判决不准离婚后，过错方又起诉离婚，确无和好可能的。

（9）一方重婚，对方提出离婚的。

（10）一方好逸恶劳、有赌博等恶习，不履行家庭义务，屡教不改，夫妻难以共同生活的。

（11）一方被依法判处长期徒刑，或其违法、犯罪行为严重伤害夫妻感情的。

（12）一方下落不明满二年，对方起诉离婚，经公告查找确无下落的。

（13）受对方的虐待、遗弃，或者受对方亲属虐待，或虐待对方亲属，经教育不改，另一方不谅解的。

（14）因其他原因导致夫妻感情确已破裂的。

在离婚诉讼中，
法官如何从事实上判断"夫妻感情确已破裂"？

人民法院审理离婚案件，法官通常会考量虑这些因素：一是双方婚姻基础、二是婚后感情、三是离婚原因、四是夫妻关系现状以及有无和好的可能等。

1. 婚姻基础

从司法实践的过程中可以发现，"婚前感情基础不好"成为原告要求离婚的"王牌"理由。婚姻基础是双方建立婚姻关系的起点，对婚后感情的建立、矛盾的化解起着十分重要的作用，主要看婚姻关系建立时未婚男女双方是自由恋爱，还是父母包办强迫的；是以爱情为基础的，还是以金钱、地位和才貌为目的；是经过慎重考虑的，还是失身怀孕，迫不得已的情况下结合的，等等。一般来说，婚前基础好，婚后感情比较深厚，即使产生了矛盾，也能够和好如初。反之，婚前基础差，婚后难以建立起真正的夫妻感情，出现了裂痕后，很难愈合。

2. 婚后感情

婚后感情是指结婚以后，夫妻共同生活期间的感情。这期间不仅仅包含了男女双方的感情，还包括了对小孩、家庭的感情，因此婚后感情首先看夫妻双方是否互敬互爱、相互体贴关心；其次看是否赡养扶助双方的父母、对家庭是否有责任感；再看是否共同抚养子女照顾后代。另外，还要从双方的生活作风、性格习惯以及夫妻生活等方面综合分析，这样才能更好地认定夫妻感情是否确已破裂。

3. 离婚原因

离婚原因是指原告提出离婚的主要依据。实践中，离婚的原因千差万别、非常复杂。但可以确定的一点是当事人一方所主张的离婚原因通常是双方矛盾的主要原因。故通过观察双方的离婚原因，就基本可以判断双方有无和好的可能。有的夫妻离婚原因是由于生活琐事或交流沟通不畅所造成，而有的夫妻离婚原因则是因为一方对另一方的长期暴力行为所导致。所以，了解离婚的真实原因作为双方矛盾的症结所在或者是掩饰其离婚的真实动机，因此，在查找离婚原因的时候，要去伪存真，找到离婚的真实原因，只有这样，才能了解和判断夫妻感情破裂的程度。

4. 离婚时夫妻关系的现状

看夫妻关系的现状主要有两个方面，一是精神层面，夫妻双方在思想意识方面还有没有家庭概念，是不是具有经营家庭生活的意愿，夫妻双方有没有维持正常的两性生活；二是物质层面，夫妻双方是否还一起生活，一方的收入是否还拿来用于家庭日常生活开支。

5. 有无和好的可能

有无和好的可能是指夫妻双方还有没有和好的意愿和条件。虽然双方已经诉至法庭，但若找到双方矛盾所在，对症下药，利用各种有利因素去帮助双方恢复感情、愈合裂痕，双方便能够重归于好。如果一方没有和好的意愿且通过各种方法都无法让双方重归于好，这种情况下，应该认定为夫妻感情已经破裂。

综上，离婚不是一时冲动就能够一蹴而就解除婚姻关系，根本上有一定的离婚条件需要遵守。

下落不明：
一方下落不明该如何离婚?

　　婚姻中出现的问题总是数不胜数，有的平淡，有的荒谬，还有的充满戏剧性，让人惊奇不已。实践中，夫妻一方下落不明，另一方诉至法院要求离婚，法院往往会以被告地址不明确导致诉讼文书无法送达为由不予立案。那么，夫妻中一方下落不明该如何离婚?

❤ ❤ ❤ ❤ ❤ ❤ ❤ ❤ ❤ **典型案例** ❤ ❤ ❤ ❤ ❤ ❤ ❤ ❤ ❤

　　周敏是家中独女，父母想要招上门女婿为周家延续香火。经媒人介绍，周敏结识了吴爱国。吴爱国表示愿意"入赘"做上门女婿，双方就于 2008 登记结婚。婚后生育一子一女，都由周敏父母照顾，周敏与丈夫外出打工。

　　2013 年 8 月某一天，吴爱国回家哭诉："周敏跟别人走了，不要孩子，不要这个家了。"此时双方父母才得知他们夫妻在外打工期间，经常有其他男子找周敏出去玩，夫妻常因此事吵架，导致感情不断恶化。在一次激烈的争吵过后，周敏一气之下离家出走，不接吴爱国的电话，甚至将吴爱国拉黑，原来的手机号码也注销了。吴爱国这才意识到事情的严重性：妻子跟人跑了。

　　吴爱国原本想和周敏父母在家一起照顾孩子，等周敏回来。然而，吴爱国受不了村里人的非议，无法在家里待下去，不久后也外出打工了。

　　在工厂打工的吴爱国，5 年多的时间他一直租住在工厂附近一家农户家。农户主见吴爱国老实踏实又能吃苦，便寻思着留下他做上门女婿，经常故意制造机会让女儿张颖与吴爱国共同相处。但是，吴爱国不知道如何将前一段失败的婚姻告诉张颖和她的父母。张颖一次次想要和吴爱国提起结婚的事,他都往后推,因为他知道自己还是处于婚姻关系存续期间,还是已婚状态。

到 2019 年 8 月份,吴爱国的妻子离家出走已经将近五年时间,这期间,吴爱国逢年过节都会给家里打钱,也会询问妻子的下落,但是始终没有消息。面对张颖的追求和她一家的热情,温暖了这个大男人受伤的心,想要与妻子解除婚姻关系,与这个温柔美丽的女子结婚,共度余生。

但夫妻中一方下落不明该如何离婚呢?

案例分析

离婚案件中,一方下落不明,另一方想要离婚,是无法通过协议离婚达成的,只能向法院提起诉讼离婚。那么在提起离婚诉讼时,与普通的离婚诉讼是一样的吗?

婚姻关系存续期间,"一方下落不明"是指公民离开最后居住地后没有音讯的情况,包括两个方面的内容。

(1)表象内容,是指离开住所地,在有经常居住地的情况下是指离开住所地和经常居住地且离开的状态呈持续性,持续的时间跨度为在对其送达起诉书时到判决做出后或者判决生效前。

(2)实质性内容,是指在住所地、经常居住地的范围内有可能与其有联系的人或组织联系不上其人并且关键联系人不知其下落。

在一方下落不明的情况下,无法适用"原告就被告"管辖原则在被告住所地或经常居住地进行诉讼,那么是否可以依据《最高人民法院关于适用〈民事诉讼法〉若干问题的意见》第十二条"夫妻一方离开住所地超过一年,另一方起诉离婚的案件,可以由原告住所地人民法院管辖"之规定,在原告住所地进行诉讼呢？答案是否定的，因被告一方下落不明，在法院法律文书无法送达被告时，法院持着审慎的态度，通常情况不会判决双方离婚。

那么对于离婚案件中，夫妻一方下落不明，司法实践中是如何操作的呢？一般情况由利害关系人提起宣告失踪，在法院下发的宣告失踪裁定书生效后，依据该裁定书向法院提起离婚诉讼。

《民法典》关于下落不明的规定如下：

"第四十条　自然人下落不明满二年的，利害关系人可以向人民法院申请宣告该自然人为失踪人。"

"第四十一条　自然人下落不明的时间自其失去音讯之日起计算。战争期间下落不明的，下落不明的时间自战争结束之日或者有关机关确定的下落不明之日起计算。"

因此，宣告失踪应该具备以下三个条件。

（1）自然人下落不明满两年。

（2）须由利害关系人向人民法院提出申请。利害关系人的范围指的比较宽泛，包括被申请人包括被申请失踪人的亲属，以及其他与被申请人有民事权利义务关系的人。宣告失踪的申请可由这些利害关系人中的一人或者多人同时提出，没有先后顺序的区别。

（3）须由法院根据法定程序宣告失踪。受理法院在收到宣告失踪的申请后，发出寻找失踪人的公告，在公告期满后仍没有此人的音讯时，才能宣告此人为失踪人。

本案中，吴爱国想要离婚，应先向法院申请宣告失踪程序，再向法院提起离婚诉讼。在妻子周敏失踪的第一时间内向警方报警，通过公权力机关的证明以获得宣告失踪开始的时间点，自被宣告失踪人失去音讯之日起计算，满两年后，先向法院提起宣告失踪，再收到法院裁定宣告失踪法律文书后，再向人民法院提起离婚诉讼。

本案这种情况与一般的离婚还不一样。因周敏离家出走，下落不明，因婚姻关系存在人身属性，法院无法在周敏不到场的情况下，直接认定夫妻感情破裂、判决双方离婚，需要吴爱国向法院提供公安部门的相关证件并向法院申请宣告失踪。若吴爱国直接向法院提起离婚诉讼，即便吴爱国有村委会开具的周敏离家出走的证明信，也会被法院判决不予离婚。

那吴爱国如何才能离婚呢？通过以下三种途径在对象下落不明后可申请解除婚姻关系。

直接向法院起诉离婚

根据《最高人民法院关于适用〈中华人民共和国民事诉讼法〉的解释》相关规定，"夫妻一方下落不明，另一方诉至人民法院，只要求离婚，不申请宣告下落不明人失踪或者死亡的案件，人民法院应当受理，对下落不明人公告送达诉讼文书""公告期间不得少于六十日""公告期满，即视为送达"。

因此，吴爱国可以不经宣告失踪或者死亡，而直接向人民法院起诉离婚。

　　但是，这种情况下很难一次起诉就判决离婚，因为在对方无法应诉的情况下，法院无法查明双方是否确已感情破裂，往往需要在六个月后二次起诉才能判决离婚。

　　除非吴爱国有确凿的证据证明双方确已感情破裂，或者是能够充分证明存在《民法典》第一千零七十九条第三款规定的法定离婚事由。这种情况下，法院也有可能一次就判决双方离婚。

先申请宣告失踪，再起诉离婚

1. 宣告失踪

　　《民法典》第四十条规定："自然人下落不明满二年的，利害关系人可以向人民法院申请宣告该自然人为失踪人。"利害关系人包括配偶、父母、成年子女、祖父母、外祖父母、兄弟姐妹以及与被宣告失踪人有民事权利义务关系的公民和法人。在本案件中，周敏自 2013 年 8 月离家出走，到 2019 年已有五年时间，吴爱国作为周敏的配偶是有权利向法院提起宣告失踪程序的。人民法院受理宣告失踪案件后，应当发出寻找下落不明人的公告。宣告失踪的公告期间为三个月。

2. 起诉离婚

　　《民法典》第一千零七十九条第三款规定："一方宣告失踪，另一方提起离婚诉讼的，应当准予离婚。"因此，在得到法院宣告失踪的裁定书法律文书后，再向法院提起离婚诉讼一般都会判决离婚的。

对方下落不明四年后宣告对方死亡

除了上面两种方法之外，还有一种方法虽然不是离婚，但可以起到与离婚相同的现实效果。那就是，在满足一定条件的情况下，吴爱国可通过申请法院宣告周敏死亡的方式，让双方的婚姻关系消除，实现可以再婚的目的。

具体来说：若周敏下落不明满四年（宣告死亡的条件有多种，此处试举一例），吴爱国可以向人民法院申请宣告周敏死亡，则吴爱国与周敏之间的婚姻关系自宣告死亡之日起消除。

但是，若周敏重新出现，经周敏本人或者利害关系人的申请，人民法院应当撤销死亡宣告。死亡宣告撤销后，吴爱国与周敏之间的婚姻关系自撤销死亡宣告之日起自行恢复。这种情况下，吴爱国如果不想和周敏恢复婚姻关系，根据《民法典》第五十一条的规定，吴爱国可向婚姻登记机关书面声明不愿意恢复婚姻关系。或者，在周敏被宣告死亡后，吴爱国再婚了，则即使周敏的死亡宣告被撤销，吴爱国与周敏之间的婚姻关系也不能自行恢复。

综上，当夫妻一方被宣告失踪或者下落不明的时候，另一方提起离婚诉讼可以更好地维护自身的合法权益，主要包括两个方面：人身权益、财产权益。在人身权益方面，如果法院准予双方离婚的话，夫妻另一方可以自行与他人重新缔结婚姻关系；在财产权益方面，离婚后可以将夫妻共同财产予以分割，相关债权、债务可以得到分配，这样可以避免当事人的财产受到损失或者是承担不必要的债务。

最后需要明确的一点是：就算夫妻一方失踪或者下落不明，双方的婚姻关系也不会自动解除，必须经过法定的程序予以解除！

分居：

分居满两年就视为感情破裂吗？

从法律意义上说，分居满两年就会被视为夫妻双方感情破裂，也会成为一方提起离婚诉讼的理由。在司法实践中，夫妻双方离婚的首要条件就看有没有长期分居，其次才是其他方面的考量。所以，一般夫妻离婚首先要举证彼此之间分居了多久。

♥ ♥ ♥ ♥ ♥ ♥ ♥ ♥ ♥ ♥ ♥ ♥　**典型案例**　♥ ♥ ♥ ♥ ♥ ♥ ♥ ♥ ♥ ♥ ♥ ♥

钱然和宋轶在美国留学时相识，两个人在国外一直过着相依为命的生活。

2017年9月10日生育女儿宋乐，有了孩子后，双方就于2018年2月14日双方在美国加州登记结婚。两个人从懵懂的校园爱情走到现在的三人幸福家庭，也是一段佳话。

然而，2019年1月份，钱然与宋轶完成学业回国后，宋轶突然像变了一个人，自己一个人回上海老家，不让钱然和孩子跟随。钱然带着孩子去上海找他，他和父母不让这对母女进家门，她们只好在宋轶家附近订了酒店。原来，宋轶的父母不满意这个儿媳妇，想要宋轶与钱然离婚。

2019年3月份，钱然带着女儿去了美国，而宋轶遵照父母安排在国内找了份体制内的工作，过着朝九晚五的生活。截止到2021年4月，双方已经分居两年时间。

❤❤❤❤❤❤❤❤❤ 案例分析 ❤❤❤❤❤❤❤❤❤

本案例中，宋轶父母不满意钱然这个儿媳妇，宋轶比较听父母的话，钱然带女儿出国两年时间，可以通过钱然与宋轶的护照记录或者出入境记录证明双方分居状态。但是，如果庭审中，一方坚持不离婚、声称双方有感情或者声称因工作原因导致分居，法官很难认定夫妻感情破裂，一般情况不会判决双方离婚。

根据《民法典》第一千零七十九条第四款规定："经人民法院判决不准离婚后，双方又分居满一年，一方再次提起离婚诉讼的，应当准予离婚。"也就是说，在人民法院判决不准离婚的判决生效后，双方又分居满一年的，当一方再次提起诉讼，一般情况下法院会视为感情破裂并判决离婚。

虽然分居满两年是法定离婚情形之一，但是如果仅仅以该条规定向法院起诉离婚而没有其他法定情形，大多数情况下法院是不会判决准予离婚的，那么什么情况下分居满两年法院会判决准予离婚呢？

┇ 分居满两年不等于自动离婚 ┇

夫妻结婚的目的在于一起共同生活，互相履行夫妻义务，感情不和长期分居达不到婚姻缔结的目的，因此夫妻分居达到法定的期限，会被列为准予离婚的条件。我国《民法典》第一千零七十九条第三款第四项对此做出了规定："因感情不和分居满二年，经调解无效的，应当准予离婚。"

有的人对分居满两年可以离婚的情况有所误解，以为只要分居满两年就可以自动离婚。其实不是这样，即使分居满两年了，也不是自动离婚，而需要一方向法院提起离婚诉讼，请求法院判决离婚。分居是判断夫妻感情是否破裂的一种方式，但夫妻分居并不必然导致夫妻婚姻关系解除，只有办理了法定的离婚手续，夫妻婚姻关系才会解除。也就是说，分居满二年，夫妻婚姻关系并不自动解除，若双方任何一方在未办理离婚手续之前与其他第三人结婚，则构成重婚罪。

满足以下三点"分居满两年"可判决离婚

不管是已经废止的《婚姻法》还是正式施行的《民法典》，均规定了因感情不和分居满两年属于法定的离婚情形。但是想要依据该条规定向法院起诉要求离婚，应当满足以下三点要求：

第一，分居的原因是双方感情不和；

第二，分居满两年的时间是连续计算的；

第三，即使以上两个条件都满足，还需要经过法官确认双方感情破裂，才可以真正判决离婚。

审判实践"因感情不和分居满两年"应该如何认定?

现在夫妻长期两地分居生活的情况非常多,但并不是所有的分居都构成法律上的分居。那么,法律上的分居满两年应该如何认定呢? 审判实践中,法官一般从以下四个方面考虑。

第一,分居原因是因感情不和导致的。对于夫妻因感情不和而"分居"的理解,不能只简单地理解为分开居住。如果是因工作、学习等其他原因导致的两地分居,以及因住房问题、生活习惯导致的夫妻同室不同屋而居,不论分居多长时间,都不会被判定夫妻感情破裂。为了分割财产而恶意隐匿,两年后再到法院起诉离婚的情况同样不包括在内。所谓夫妻两地分居,必须是夫妻感情出现问题的前提下,因感情不和而终止共同生活,建立各自的生活。

第二,分居必须是连续满两年,且已经满两年。分居时间应从夫妻实际分居的第二日起算,到向法院提起离婚诉讼时为止满两年。并且分居时间必须是持续不间断的,如果分居后又同居,则分居时间只能从同居后再次分居的次日起重新计算。不能把前后几次分居的时间累积计算。

第三,分居的实质是互不履行夫妻性生活义务,若分居后又发生性生活,则会中断分居时间。

第四,分居需要证据来支持。对同屋分居或者另行搬离住所,不能构成分居的原因在于,一方说分居,另一方说昨天还发生性关系,法院不好认定;两个在不同国家的情况,通过护照或出入境记录则比较好证明分居状态,或者一方在搬出时以录音或者录像形式记录当时老死不相往来的话语来证明,也是有一定效力的。

如何收集分居或者证明感情破裂的证据呢？

主张离婚的一方如果没有确切的证据证明夫妻已经分居两年，法庭仍不会认定"夫妻分居满两年"。因此，在司法实践中要想凭借"夫妻因感情不和分居满二年"的规定而达到离婚的目的，是非常不易的。可以有效证明夫妻分居的证据包括：

（1）一方向另一方发出的书面分居文书，最好使用邮寄的方式，并在备注栏里注明"分居文书"，且保留邮寄凭证；

（2）一方在外另寻住处的房屋租赁合同；

（3）双方签订的夫妻分居书面协议；

（4）双方来往的聊天记录、短信等能证明双方感情不和分居的事实；

（5）证人证言，邻居等亲近的人所出具的证人证言，证明夫妻二人常年不在一起生活，一直都是分开生活，证明双方没有实际生活在一起，常年分居；

（6）其他辅助证据证明双方感情破裂。如双方婚前感情基础薄弱，认识时间短、父母包办婚姻等。

第一次起诉离婚，如果被告一方以仍存在夫妻感情为理由，不同意离婚的话，受理法院一般不会判决离婚，在不予离婚判决生效后，保留好相关感情破裂、分居的证据，分居一年后第二次起诉离婚。根据《民法典》规定，经人民法院判决不准离婚后，双方又分居满一年，一方再次提起离婚诉讼的，应当准予离婚。

综上，在离婚诉讼中，想要让法院直接判决离婚，仅有分居满两年的证据是不够的，还要注意收集夫妻分居的原因是因为感情不和所造成的。同时，证据足够证明符合"因感情不和分居满两年"的条件的，法院也会先行进行调解，调解不成，确认感情破裂的，法院才会判决离婚。同时提醒注意，在第一次起诉离婚未判决离婚的，需在判决做出后，持续分居满一年即要提起诉讼，此时情形已符合《民法典》判决离婚的法定条件，通常这次诉讼就会判离。

怀孕：

怀孕、分娩或哺育期间如何离婚？

我国法律规定：女方在怀孕期间、分娩后一年内或终止妊娠后六个月内，男方不得提出离婚。女方提出离婚的，或人民法院认为确有必要受理男方离婚请求的，不在此限。由此可以看出，女性如果在怀孕、分娩或哺育期间想要离婚，首先要根据法律规定，持有一些证据证明夫妻双方感情破裂，如果协议离婚不能达成，就要到法院提起诉讼离婚。

❤ ❤ ❤ ❤ ❤ ❤ ❤ ❤ ❤ ❤ ❤ ❤　**典型案例**　❤ ❤ ❤ ❤ ❤ ❤ ❤ ❤ ❤ ❤ ❤ ❤

王琳与丈夫申学义结婚已七年，并生育一个儿子申飞，在这七年里，双方互相照顾互相扶持，比较恩爱，是有感情的。

但是在去年九月份，王琳带孩子去市里读书，夫妻两人平时分居，只有周末才能团聚。其间申学义开始出轨。他可能一开始并没有认真，只是玩玩，对王琳依然很好，偶尔会在工作日去市里给妻子做饭。十一月份时，王琳检查出怀孕，孕期反应比较激烈，无暇顾及丈夫，甚至为了不增加丈夫负担，自己一个人回娘家让母亲照顾怀孕的自己。在过了孕吐那段时间后，王琳身体好一点，回家后，丈夫没有之前那么热情，王琳做什么都是错的，好像变了一个人，甚至多次跟王琳讨论要打掉肚子里的孩子，逼迫王琳离婚，说自己对王琳没有感情了。

王琳怀疑丈夫出轨，但是苦于没有证据，后来在丈夫的车上安装录音设备，才得知丈夫真的有了外遇，在王琳极力挽留下，丈夫依然没有回头。此时王琳已经怀孕九个月，不可能再打掉孩子，内心也已经被深深伤害，在自己最脆弱无助的时候，丈夫抛弃了自己和孩子。

●●●●●●●●●●●● **案例分析** ●●●●●●●●●●●●

上述案例中，申学义在妻子王琳怀孕期间出轨、并想要与妻子王琳解除婚姻关系，王琳无论从心理还是生理上都无法接受这个事实。那么如果申学义执意离婚，法律上是否允许？通过什么办法实现离婚呢？

婚姻自由包括结婚自由与离婚自由。纵然申学义无情无义，法律也无法限制人身权益，法律并未禁止不能离婚，只是在离婚时设置了一定的条件，即女方在怀孕期间、分娩后一年内或者终止妊娠后六个月内，男方不得提出离婚。

在夫妻一方不同意离婚的情况下，双方无法通过民政机构办理离婚手续。因此，一方可以向人民法院提起诉讼离婚。本案中，申学义在无法与妻子达成离婚意见时，须在妻子王琳终止妊娠满六个月后向法院提起诉讼离婚。

婚姻律师小课堂

怀孕期间、分娩后一年内或者终止妊娠后六个月内
（以下简称"特定期间内"）能否离婚？

我国法律对婚姻家庭中的女性权益有特殊保护，具体表现之一为《民法典》第一千零八十二条的规定，即"女方在怀孕期间、分娩后一年内或者终止妊娠后六个月内，男方不得提出离婚；但是，女方提出离婚或者人民法院认为确有

必要受理男方离婚请求的除外"。法律的规定体现了对特定期间内对女性权益的特殊保护。这是因为，在上述期间内妇女的身心都处于比较虚弱的状态，如果在此期间内男方提出离婚，对女方的身心健康和胎儿、婴儿的健康都将产生极为不利的影响。所以，法律对该期间内男方的起诉权做了限制。

1. 就男方而言

女方在特定期间内，男方不能向法院起诉离婚。诉讼离婚是指通过向法院提起诉讼来解决离婚问题，出于对女方及子女权益的保护，一般来说男方如果起诉离婚，必须在女方分娩一年后或终止妊娠六个月后提出。

但是在上述特定期间内男方不得提出离婚不是绝对的，如果绝对不让男方起诉离婚，势必造成在保护女方权益的同时，剥夺了男方的相应权利，违背了法律面前人人平等。在法律规定，存在"确有必要受理男方离婚请求的"情形时，法院可以受理男方的离婚诉讼请求。按通常理解，就是"在女方存在严重过错的情况下"为男方起诉离婚的必要前提。女方存在过错，即为女方的行为丧失了法律对其特别保护的权利。

这个"确有必要受理理由"没有法律的规定，实务中包括但不限于：

一是男方有充分证据证明女方与他人发生性关系而导致的怀孕、分娩、终止妊娠行为的；

二是确有不能共同生活的重大、急迫事由，如女方威胁男方的生命或严重侵害男方的其他合法权益的；

三是女方对婴儿有虐待、遗弃行为或是女方在该特殊期限内下落不明的，女方不尽对婴儿的抚养义务，等等。

出现上述情况时，男方可以提出离婚请求。

2. 就女方而言

在通常的情况下，在上述特定期间内只有女方可以提出离婚（协议离婚不受限）。既然女方可以起诉离婚，那么法院是否准予其离婚的依据还是看夫妻之间的感情是否破裂，走一般离婚认定的流程。根据规定，人民法院审理离婚案件，会进行调解；如果感情确已破裂，调解无效的，那么应当判决或调解准予离婚。但是在取证阶段，需要有充分证据证明双方感情已经破裂，没有和好的可能性。法官在证据的提供的基础上，周全考虑孩子未来的生活做出判决。因此，女方提出离婚，应该积极取证，收集相关有力证据。

特定期间内离婚协议书的效力

女方在特定期间内签订了离婚协议书，那么这份离婚协议书的效力如何，这需要具体情况具体分析。

根据《民法典》第一千零八十二条的规定，如果女方在特定期间内男方提出离婚，女方并不同意，即使当时双方已签订的离婚协议书，在办理离婚登记前女方反悔的，所签离婚协议不发生法律效力；如果是女方提出离婚的或者是法院认为男方提出的请求是有需要受理的，那么此种情况下是可以离婚的，双方签订的离婚协议书也具有效力。

哺乳期内离婚孩子抚养问题怎么解决？

当离婚实现后，无论是协议离婚还是诉讼离婚，就会涉及孩子的抚养权问题。那么通常情况下抚养权是如何确定归属呢？

虽然在实际生活中婴儿哺乳期的时长因人而异，但司法实践中通常将"哺乳期内的子女"理解为2周岁以下的婴幼儿。根据《民法典》第一千零八十四条以及《最高人民法院关于适用〈中华人民共和国民法典〉婚姻家庭编的解释（一）》第四十四条规定，离婚后，不满2周岁的子女，以由母亲直接抚养为原则。已满2周岁的子女，父母双方对抚养问题协议不成的，由人民法院根据双方的具体情况，按照最有利于未成年子女的原则判决。也即：哺乳期的孩子，如果遭遇父母离婚的，原则上应当跟随母亲生活，但是母方有下列情形之一的，可以随父方生活。

（1）母方患有久治不愈的传染性疾病或其他严重疾病，子女不宜与其共同生活。

（2）母方有抚养条件不尽抚养义务，而父方要求子女随其生活的。

（3）由于其他原因，子女确实无法随母方生活的。如母亲的生活环境明显对子女抚养不利；母亲工作性质特殊，不便于抚养子女；或者母亲违法犯罪，不利于抚养子女等。

（4）父母双方协议2周岁以下的子女随父方生活，并对子女健康成长无不利影响的。

最后还需注意：一方抚养孩子的，不抚养孩子的一方应当承担抚养费。负担费用的多少和期限的长短，由双方协议；协议不成的，由人民法院判决。

离婚会给一个家庭带来巨大的改变，同时因离婚所伴随解决的抚养权归属问题也常在司法实践中发生争议。《民法典》实施后，在女方特定时期内离婚，男女双方都需要注意上文介绍的事项，注重收集相关证据。

特殊婚姻：
现役军人配偶不能提出离婚?

在我国法律框架内，有一部分特殊群体是不能提出离婚请求的，比如军人的配偶。那么，法律如此规定的原因是什么? 军人配偶若不能提出离婚，军人婚姻的离婚程序又是怎样的?

●·●·●·●·●·●·●·●·●·● **典型案例** ●·●·●·●·●·●·●·●·●·●

郭弘胜系现役军人，许妍在县中学当老师，2018 年经人介绍相识，2019 年 5 月 5 日登记结婚，同年 12 月 28 日生育一子郭珣。

因郭弘胜系现役军人，全年假期只有 10 天，双方从相识至今真正相处的时间不到两个月，郭弘胜文化水平不高，导致双方性格、文化观念、处事方式存在很大差异，且郭弘胜长期在部队工作，双方基本无感情交流。许妍想要解除与郭弘胜的婚姻关系，与郭弘胜协商，但是郭弘胜不同意离婚。许妍是否可以向法院提起诉讼，通过起诉方式离婚?

●·●·●·●·●·●·●·●·●·● **案例分析** ●·●·●·●·●·●·●·●·●·●

离婚自由是婚姻当事人双方的权利。夫妻一方或双方在夫妻感情破裂后，有权向对方提出离婚。在双方不能达成一致进行协议离婚时，可以向人民法院起诉离婚。但是有一例外，即军婚，我国现行法律对军人配偶的离婚请求权施加了一定的限制：现役军人配偶要求离婚的，须征得军人同意。

在司法实践中，现役军人的配偶在未征得军人同意的情况下向法院请求判决离婚的，除非军人一方有重大过错，否则是不能得到法院支持的。在本案中，郭弘胜系现役军人，郭弘胜不存在法律规定的"军人一方有重大过错"的情形且不同意离婚，法院不会判决双方离婚。不管是提起多少次离婚诉讼，都不会被判决离婚。若许妍想要离婚，可以与郭弘胜协商处理，以情理打动郭弘胜，真心告知其的真实想法，与其耗着不如分开，双方都重新寻找新的幸福。

现役军人、现役军人的配偶、军人离婚纠纷的概念

（1）现役军人。

根据《兵役法》第五条的规定，在中国人民解放军服现役的称"现役军人"。现役军人包括义务兵役制士兵和志愿兵役制士兵，义务兵役制士兵称义务兵，志愿兵役制士兵称士官。

现役军官包括被任命为排级以上职务或者初级以上专业技术职务，并授予相应军衔的现役军人，中国人民武装警察部队虽然不属于中国人民解放军的编制序列，但是在婚姻问题上，仍按现役军人婚姻问题处理。

现役军人一般不包括以下几类人员：一是在军事单位中未获取军籍的职工；

二是退役军人，包括复员军人、转业军人、退休军人、离休军人以及退役的革命伤残军人；三是在地方担任某种军事职务的人员，如不属于军队编制的，在武装部工作的干部编入民兵组织，或者经过登记的预备役士兵。

（2）现役军人的配偶，指同现役军人履行了结婚登记手续，并领取结婚证的非军人一方。与现役军人仅仅存在恋爱、婚约或同居关系的不包括在内。

（3）现役军人的配偶要求离婚，是指非军人一方向现役军人提出离婚的情况。如现役军人一方向非军人一方提出离婚，或者男女双方均为现役军人的离婚纠纷，按一般离婚纠纷处理。

不适用于《民法典》第一千零八十一条规定的情况

《民法典》第一千零八十一条规定："现役军人的配偶要求离婚，应当征得军人同意，但是军人一方有重大过错的除外。"本条是关于限制现役军人配偶离婚请求权的规定。

1. 若双方均为现役军人，不适用本条规定

《民法典》第一千零八十一条的立法意图是因军人职业的特殊性，限制现役军人配偶离婚请求权，从而给予军人一方意愿以特别保护。双方均为军人的离婚案件，不适用《民法典》第一千零八十一条的规定，但此种情况的离婚程序上与一般夫妻离婚亦有所不同。

《军队贯彻实施〈中华人民共和国婚姻法〉若干问题的规定》第十一条规定："现役军人离婚，应当严肃慎重，不得违反国家的法律法规和军队的纪律，不违背社会公德。双方均为现役军人，双方自愿离婚或一方要求离婚的，当事人所在部队领导或政治机关应当进行调解；调解无效，并符合《婚姻法》规定

的离婚条件的，由政治机关出具证明后，方可到婚姻登记机关申请离婚或向法院提出离婚诉讼。"

2. 现役军人一方要求离婚的，不适用本条规定

《军队贯彻实施〈中华人民共和国婚姻法〉若干问题的规定》第十一条规定："配偶是地方人员，军人一方要求离婚的，所在部队政治机关领导应当视情进行调解；符合《婚姻法》规定的离婚条件，并经对方同意，政治机关方可出具证明同意离婚；如军人一方坚持离婚，对方坚决不同意离婚的，部队可商请对方所在单位或地方有关部门进行调解，调解无效的，政治机关出具证明，由当事人向法院提出离婚诉讼。"

第十二条规定："现役军人申请离婚的审批程序、权限与申请结婚的相同。团级以上单位政治机关出具同意离婚的证明时，应要求离婚双方签字或提供本人书面意见……"

离婚应当征得军人同意的例外情形

《民法典》第一千零八十一条的规定："现役军人的配偶要求离婚，应当征得军人同意，但是军人一方有重大过错的除外。"

《军队贯彻实施〈中华人民共和国婚姻法〉若干问题的规定》（现行有效）第十一条规定："配偶是地方人员，配偶一方要求离婚，军人一方同意离婚的，政治机关可出具证明同意离婚；军人一方不同意离婚的，政治机关不得出具证明，但经政治机关查实军人一方确有重大过错的除外。"

据此可知，离婚须征得现役军人同意是法律对军人的特殊保护，但同时要保障军人配偶的离婚自由权。因此，在军人一方有重大过错时，军人配偶方是

可以请求离婚的，此时军人一方同意离婚的，政治机关可出具证明同意离婚；军人配偶方也可直接向法院起诉离婚，无须征得军人的同意，即使军人一方不同意离婚，法院也可以判决离婚。

《最高人民法院关于适用〈中华人民共和国民法典〉婚姻家庭编的解释（一）》第六十四条规定："民法典第一千零八十一条所称的'军人一方有重大过错'，可以依据民法典第一千零七十九条第三款前三项规定及军人有其他重大过错导致夫妻感情破裂的情形予以判断。"

据此，"军人一方有重大过错"是指：（1）重婚或者与他人同居；（2）实施家庭暴力或者虐待、遗弃家庭成员；（3）有赌博、吸毒等恶习屡教不改；（4）军人有其他重大过错导致夫妻感情破裂的情形。其他重大过错行为，主要是指其他严重违背社会公德，并对夫妻感情造成严重伤害的行为，比如，强奸妇女、奸淫幼女、嫖娼等违法犯罪行为等，可以认定为重大过错行为。

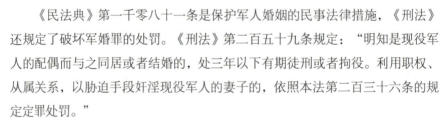

对于破坏军人婚姻的违法犯罪行为应给予相应惩罚

《民法典》第一千零八十一条是保护军人婚姻的民事法律措施，《刑法》还规定了破坏军婚罪的处罚。《刑法》第二百五十九条规定："明知是现役军人的配偶而与之同居或者结婚的，处三年以下有期徒刑或者拘役。利用职权、从属关系，以胁迫手段奸淫现役军人的妻子的，依照本法第二百三十六条的规定定罪处罚。"

综上，基于军人职业的特殊性，决定了军人的婚姻家庭关系和普通公民有所不同，遂我国对军人婚姻实行特别保护，如"军婚保护条款"即《民法典》第一千零八十一条、军人离婚的特殊程序、破坏军婚罪的处罚等。但是，对军人的特殊保护并非是以牺牲其配偶的离婚自由权为代价的，当军人一方有重大过错，其行为明显侵害配偶一方合法权益时，法律对军人配偶亦予以更多保护。

协议离婚

协议离婚又称两愿离婚或登记离婚，也称作双方自愿离婚，指婚姻关系因双方当事人的合意而解除的离婚方式。

协议离婚与诉讼离婚相比具备如下特点：（1）程序简易、便捷；（2）离婚协议易于当事人自觉遵守和履行；（3）避免了诉讼，缓解了婚姻当事人的仇视和敌对。

表面上看，只要夫妻二人约定好合意就可以离婚，其实，其背后也有很多法律程序需要当事人知道。

程序：
协议离婚的全过程

协议离婚是夫妻二人"一签了之"，还是需要什么样的程序呢？

协议离婚必须具备"对子女和财产问题已有适当处理"的法定要件。"适当处理"是指协议离婚双方当事人就子女抚养和财产问题处理达成协议。其中，子女问题适当处理，包括未成年人子女由何方承担监护责任，子女的抚养费和教育费如何负担，子女的姓氏是否改变等。财产问题，包括共同财产合理的分割与处理，对共同债务的分担，对住房的分配，对生活困难方的经济帮助等内容。并且，以上条件也是离婚协议书所应当包含的内容。

❤ ❤ ❤ ❤ ❤ ❤ ❤ ❤ ❤ ❤　**典型案例**　❤ ❤ ❤ ❤ ❤ ❤ ❤ ❤ ❤ ❤

任玉华与周洲通过诉讼离婚，离婚时 3 岁婚生女周颖判给了周洲。

之后周洲结识赵婷，赵婷也是再婚，带着一个不满两岁的男孩。周洲与赵婷结婚后，双方经常因花销产生争执。周洲偶尔看到两个小孩儿打架、争抢东西的时候，赵婷经常帮着自己儿子，他虽然心里生气也没说什么。

在前妻任玉华探望女儿的时候，女儿经常跟母亲诉苦。之后，任玉华在前夫周洲家进进出出的次数多了，趁着探视女儿的时候经常帮家里做好饭后再走。

赵婷逐渐感到家庭气氛的异常，说周洲前妻两面三刀，专门在中间挑事，导致他们夫妻之间经常吵架。吵得凶的时候，赵婷拿刀子要砍周洲。

周洲在两个女人的战斗之中无法抽身，常常开始不回家。赵婷也认为这样生活并不是他想要的，双方打算协议离婚。那协议离婚的手续和程序是怎样的呢？

❤❤❤❤❤❤❤❤❤❤ 案例分析 ❤❤❤❤❤❤❤❤❤❤

　　协议离婚，又称登记离婚，是指婚姻关系因双方当事人的合意而解除的离婚方式。随着社会的发展，人的自我意识不断地觉醒，近些年我国的离婚数量和离婚率长期持续攀升。据相关统计，1987—2020 年我国离婚登记对数从 58 万对攀升至 373 万对，1987—2019 年粗离婚率从 0.5‰攀升至 3.4‰。

★ 2000—2019 年粗离婚率（资料来源：wind，泽平宏观）

　　为了减少这种"头脑发热式"离婚，2021 年 1 月 1 日颁布的《民法典》新增加了"离婚冷静期"制度。

　　本案例中，赵婷与周洲通过协议离婚，需先准备好初审审查的材料，包括结婚证、身份证、户口簿以及离婚协议，向婚姻登记机关提交离婚申请；受理后，进入离婚冷静期，30 日内任何一方不愿意离婚的，可以撤回离婚登记申请，撤回后双方仍是夫妻关系；冷静期满后 30 日内双方需亲自共同到婚姻登记机关申请发给离婚证，若双方没去申请领取离婚证，则未成功离婚。

夫妻双方当事人是需要好聚好散的，如果确实没有感情的话，最好及时办理离婚手续，结束双方当事人的夫妻关系。如果能够协商一致的，是可以到民政局协议离婚的。那么，协议离婚需要什么手续？协议离婚后一方反悔怎么办？

办理协议离婚手续的条件

（1）协议离婚以双方当事人为"合法夫妻"为前提条件。

"合法夫妻"即在我国民政局合法登记的夫妻。没有登记结婚的男女、事实婚姻、非法同居、在国外注册登记结婚等等，均不属此列。

（2）双方已达成《离婚协议》，该协议对双方是否自愿离婚，对子女抚养、财产及债务处理等事项都已经协商一致。

双方当事人应当在《离婚协议》中确认双方自愿同意离婚，同时就夫妻财产、子女抚养、债务等方面协商达成一致。具体如：双方明确夫妻共同财产具体包括哪些，并确认如何进行分割；明确有无子女，有子女情况下子女抚养权的归属、一方抚养费数额、一方探视权相关问题等；以及有无债权债务及其归属分配等。前述问题未能达成一致意见的，双方不能办理协议离婚，仍属有争议的离婚，需起诉至人民法院处理争议问题。

符合以上条件者，根据《婚姻登记条例》规定："内地居民自愿离婚的，男女双方应当共同到一方当事人常住户口所在地的婚姻登记机关办理离婚登记。中国公民同外国人在中国内地自愿离婚的，内地居民同香港居民、澳门居民、台湾居民、华侨在中国内地自愿离婚的，男女双方应当共同到内地居民常住户口所在地的婚姻登记机关办理离婚登记。"

协议离婚手续必经程序

民政部于 2020 年 11 月 24 日颁布的《民政部关于贯彻落实〈中华人民共和国民法典〉中有关婚姻登记规定的通知》第二条对协议离婚的具体操作流程做出了详细规定，该程序分为五步：申请——受理——冷静期——审查——发证。

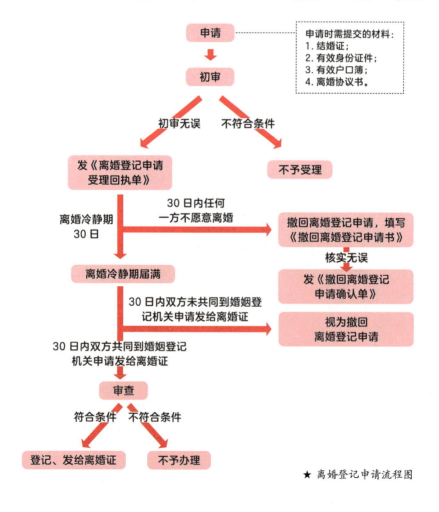

★ 离婚登记申请流程图

1. 提出离婚申请

①申请离婚登记由谁提出？

申请离婚登记需由夫妻双方在自愿平等协商一致的情况下共同提出；只有夫妻一方申请离婚登记，婚姻登记机关不予受理，这种情况下应当通过诉讼程序离婚。

我国办理离婚登记的机关，在城市是街道办事处或市辖区、不设区的市人民政府的民政部门，在农村是乡、民族乡、镇的人民政府。

②应当向谁提出离婚登记申请？

应当共同到夫妻任何一方常住户口所在地的婚姻登记机关提出离婚登记申请。

③申请材料为何？

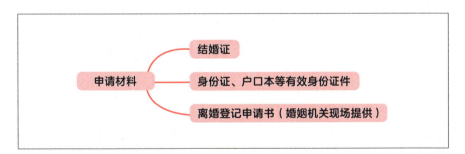

> **提示：** 首次申请办理离婚登记的时候，登记机关不收取离婚协议。离婚协议自冷静期届满后申请办理离婚证时收取，在冷静期内夫妻双方可以再次修改离婚协议的内容。

2.登记机关受理申请

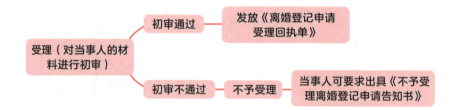

> **提示**：夫妻一方丢失结婚证的，书面声明丢失后婚姻登记员可根据另一本离婚证受理离婚登记申请；双方均丢失结婚证的，除双方书面声明外还需提供加盖查档专用章的结婚登记档案复印件方可被受理。

3.冷静期

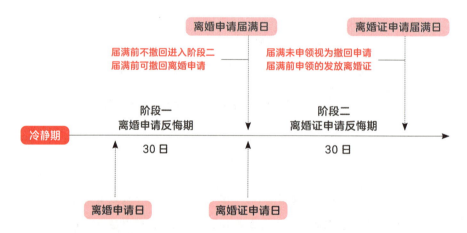

①离婚冷静期期限是多久？

离婚冷静期由离婚申请反悔期和离婚证申请反悔期两个阶段组成，第一个阶段为婚姻登记机关收到离婚登记申请之日起计算30天，第二个阶段自婚姻登记机关收到离婚登记申请之日 30 天届满之日起计算 30 天。离婚申请反悔期和离婚证申请反悔期两个阶段共 60 天。

②在离婚申请反悔期内，夫妻一方反悔，如何撤回离婚登记申请？

由夫妻一方持本人有效身份证件及《离婚登记受理回执单》至婚姻登记机关进行申请。婚姻登记机关核实材料无误，发给《撤回离婚登记申请确认单》。

③离婚申请反悔期已过，夫妻一方反悔，如何撤回离婚登记申请？

离婚申请反悔期内，夫妻双方未共同申请"离婚证"的，视为撤回离婚登记申请。因此离婚申请反悔期已过，无须申请，离婚登记自动撤回。

4. 申领离婚证

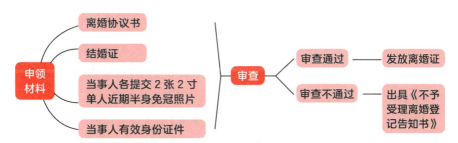

婚姻登记管理机关经过审查后，对符合婚姻法和《婚姻登记管理条例》的离婚申请，予以登记并发给《离婚证》，注销《结婚证》。当事人从取得结婚证起，解除夫妻关系。对不符合婚姻法和《离婚登记管理条例》规定的，婚姻登记管理机关不予登记。婚姻登记管理机关对当事人的离婚登记申请不予登记的，应当以书面形式说明不予登记的理由。

综上，一方面，离婚冷静期仅适用于当事人到民政部门申请办理离婚登记的协议离婚，并不适用于诉讼离婚。并不是所有的离婚都需要经过冷静期；另一方面，离婚冷静期的增设并没有提高离婚门槛，只是当事人之间协议离婚的时间长了，而其增设的主要目的是为了避免轻率离婚的现象。

离婚协议：
如何拟定离婚协议？

在协议离婚中，最主要的是夫妻双方达成的协议内容。而这个协议内容如何拟定，要注意哪些问题，这里面也有法律问题需要解决。

典型案例

吴凡系女明星，凭借靓丽外表，在影视圈小有名气，2010 年在一次聚会时结识丈夫张宇。张宇当时是电影投资人，吴凡在他投资的电影中担任女主角。张宇被这个刚出道的小姑娘迷住，之后便对她展开热烈的追求。

2013 年 5 月，他们登记结婚，并在巴厘岛办理了盛大结婚典礼。2014 年 8 月，他们的婚生子张亮出生。生育孩子后，吴凡很快复出，参加一个又一个电视和电影的拍摄。凭借精湛的演技，吴凡很快成为当红女星。在婚姻关系存续期间，吴凡投资注册了许多公司，并在国内外购置多套房产。由于婚后双方忙于事业，聚少离多，目前双方对离婚达成一致，想要通过民政局办理离婚手续。

案例分析

本案例中，吴凡与张宇想要解除婚姻关系，在对财产分割、子女抚养以及债权债务分割达成一致意见的前提下，签订离婚协议，向民政局申请办理离婚手续即可。

离婚协议的拟定与注意事项

首先，明确离婚真实意愿。明确双方离婚的合意、自愿不仅是婚姻登记部门对离婚协议内容的要求，也是排除事后一方后悔，以签订协议时存在欺诈、胁迫或重大误解为理由要求法院认定协议无效的情况。

其次，离婚协议的内容应包含以下五个具体部分。

1. 明确孩子的抚养权、探望权及抚养费

（1）抚养权。

关于离婚时子女的抚养权，《民法典》进行了规定：离婚后，不满2周岁的子女，以由母亲直接抚养为原则。已满2周岁的子女，父母双方对抚养问题协议不成的，由人民法院根据双方的具体情况，按照最有利于未成年子女的原则判决。子女已满8周岁的，应当尊重其真实意愿。《民法典》第一千零五十九条规定，夫妻有相互扶养的义务。需要扶养的一方，在另一方不履行扶养义务时，有要求其给付扶养费的权利。

本案例中，婚生子张亮已满2周岁，在吴凡与张宇协商夫妻双方对抚养权协商一致的情况下，不论是由母亲抚养还是由父亲抚养都是可以的。在实际上，父母离婚时，孩子的抚养权由父或母哪一方抚养，夫妻双方应出于对儿童利益最大化的角度做出选择。

在协商抚养权归属时，可以参照上述法律规定，法律给予自由选择的权利，具体看双方真实意愿，对孩子抚养权达成一致意见即可。也可以约定不满2周

岁的孩子由父亲抚养等，不违反法律法规等强制性规定即是合法的。

（2）探望权。本案例中，建议吴凡与张宇在离婚协议中，约定探望权行使的具体方式、时间，保障对孩子的探望权的实现。实践中，一般一周探望一到两次，具体时间由双方协商，可以约定周末是孩子可以跟随探望方回家居住，以增进亲子关系。

夫妻关系的解除，并不导致亲子关系也随之解除，父母离婚后，对孩子有抚育、教育和保护的权利和义务。父母子女的感情付出与收获从来都是双向的，因此探望权是双向的，父母探望子女主要目的在于得到精神和心理的抚慰，子女也可以通过探望权满足其亲情的需要和要求。

《民法典》第一千零八十六条规定：离婚后，不直接抚养子女的父或者母，有探望子女的权利，另一方有协助的义务。行使探望权利的方式、时间由当事人协议；协议不成的，由人民法院判决。父或者母探望子女，不利于子女身心健康的，由人民法院依法中止探望；中止的事由消失后，应当恢复探望。

法律对探望权有明确的规定，在夫妻双方协议离婚时可以对行使探望权的方式、时间进行协商。若出现需要中止探望权的事由，例如一方有严重精神疾病，可能危及孩子身体健康的情况下，可以请求人民法院中止，待中止事由消失后，应当恢复探望。

（3）抚养费。

《民法典》第一千零八十五条规定：离婚后，子女由一方直接抚养的，另一方应当负担部分或者全部抚养费。负担费用的多少和期限的长短，由双方协议；协议不成的，由人民法院判决。

根据法律规定，抚养费包括生活费、教育费和医疗费三项，若笼统地约定抚养费数额，对抚养方和子女往往有失公平，而在离婚时孩子所需的教育费和医疗费的数额不能具体，待时机发生才能明确，况且由于物价上涨抚养费不断攀升。建议双方约定每月支付一定金额的生活费，并且明确约定逐年递增的比例，而对于教育费、医疗费则按照实际发生的金额约定由夫妻双方平均承担。

司法实践中，人民法院审理婚姻家庭案件时，都非常强调对未成年人的保护，以保护未成年人的权益、确保未成年人的身心健康成长为宗旨。婚姻家庭案件，子女由谁扶养、抚养费常常是案件争议的焦点，即便很多案件在调解或判决中对抚养费有一个基本认定，但是在后期支付抚养费时，另一方拖欠抚养费的成本很低，但是要法院强制执行的实践成本、精力成本却很高，到孩子成年，中间有无数的风险。

2. 关于财产分割

夫妻共同财产一般包括不动产、车辆、金融债券、股权、知识产权以及债权等多种类型，其中金融债券包括股票、基金、保险和理财产品，等等，对于需要分割以及不需要分割的财产均应详细登记，以及如何分割，建议明确到具体时间点，以防另一方以各种理由不配合。建议在协议中约定关于违约责任的条款，保障双方能按照约定履行。

协议离婚时，夫妻财产分割需要双方商定，建议在签订协议后，在办理离婚登记后，应及时到房管局等部门办理过户，若不能办理过户，建议办理公证。

3. 特殊情况：将房产赠与孩子

若本案例中，吴凡获得孩子抚养权，张宇将名下一套房屋赠给儿子张亮，但是房屋一直未办理过户，事后，因张亮与张宇父子关系糟糕，张宇是否可以撤销赠与？

本案例中，为了防止纠纷的发生，建议在办理登记离婚手续的时候，将房屋产权变更登记到子女名下。

离婚协议中的赠与和一般赠与不同，离婚协议中的赠与约定与夫妻关系、子女抚养是一个整体，离婚时，夫妻双方协议将房产赠与子女是基于原婚姻关系这一特定的人身关系为基础，并具有保护、照顾未成年子女利益的道德属性，不应适用《民法典》合同编的规定。

根据《最高人民法院关于适用〈中华人民共和国民法典〉婚姻家庭编的解释（一）》第七十条"夫妻双方协议离婚后就财产分割问题反悔，请求撤销财产分割协议的，人民法院应当受理。人民法院审理后，未发现订立财产分割协议时存在欺诈、胁迫等情形的，应当依法驳回当事人的诉讼请求"规定，在双方已经离婚的情况下，夫妻之间签订的离婚协议是双方真实意思表示，没有欺诈、胁迫的，即便未变更登记，也不能随意变更或撤销赠与。

4. 家务劳动补偿金

家务劳动补偿金不仅仅适用于诉讼离婚，在协议离婚时，可以约定由一方向另一方支付经济补偿。若本案中，吴凡在嫁给张宇后，便做起了家庭主妇，承担起抚育子女、照料老年人、协助另一方工作等事情，在离婚时，吴凡可以要求张宇给予一定的劳务补偿。

《民法典》第一千零八十八条规定了"劳务补偿"制度，明确规定："夫妻一方因抚育子女、照料老年人、协助另一方工作等负担较多义务的，离婚时有权向另一方请求补偿，另一方应当给予补偿。具体办法由双方协议；协议不成的，由人民法院判决。"

在夫妻双方离婚时，可以根据以下几点综合考虑给予劳务参与方的补偿，给予一方因照顾孩子、老人和协助另一方较多的一方一定的经济补偿。

（1）双方婚后共同生活实践。

（2）付出方在家务劳动中具体付出的情况。

（3）另一方个人的经济收入。

（4）当地一般的生活水平。

5. 设定居住权

居住权可以通过合同方式设立，也可以通过遗嘱的方式设立。无论是通过合同还是遗嘱方式设立居住权，都应当向登记机构申请居住权登记，居住权具有人身属性，没有登记则不产生居住权，登记后可以避免设有居住权的房屋在后续买卖过程中可能出现的一些法律风险。

2021年1月1日，《民法典》正式实施，物权编新增了居住权相关规定。《民法典》第三百六十六条规定："居住权人有权按照合同约定，对他人的住宅享有占有、使用的用益物权，以满足生活居住的需要。"

诉讼离婚

诉讼离婚，如何最大程度降低伤害，获得赔偿？这是个技术活儿，需要在专业律师的指导下或者代理下完成。

首先，离婚的原因错综复杂，有感情破裂的，有出轨的，还有因一方赌博吸毒酗酒的，也有虐待家暴的，若处理不好，轻则有无休止的争执，重则可能引发人命官司；其次是离婚要涉及财产权属还有孩子的权属等等问题，都需要理清关系，只有这样才能最大程度降低伤害，保护自己的权利。

诉讼离婚的程序大体是以下几步。

居然敢背地里养小三！看我不找个私家侦探好好收拾这个渣男，到时候证据一摆，让渣男目瞪口呆！

NO

请"私家侦探"获取一方婚外情证据的方式并不可取。这种方法不仅是违法行为，还会因此侵犯个人隐私，甚至有可能给自己带来民事纠纷或背上刑事责任。根据规定，婚外情证据作为认定案件事实的基本前提是证据需符合"三性"，即合法性、真实性、关联性。公安部颁布的《关于禁止开设"私人侦探所"性质的民间机构的通知》明确规定，禁止任何单位和个人开办各种形式的民事事务调查所等私人侦探所性质的民间机构。

难道我只能眼睁睁地看渣男舒舒服服养小三吗？

离婚案件的调查取证也"有技可循"。我们一起来学习吧。

常见的诉讼离婚类型

近些年来，离婚诉讼案件是法院审理数量最大的案件之一，随着人民的思想观念的改变，离婚也不再是一件"丢人的事"，离婚像结婚一样是人生中一件普通的事。

2021 年 4 月 23 日，以"离婚纠纷、北京市、基层法院、判决书"为关键字，搜索已经在无讼案例网站公布的北京地区基层法院离婚纠纷一审判决书，以下是 2016 年至 2020 年 5 年间诉讼离婚案件数据，因离婚案件涉及个人隐私，仅有部分离婚判决书被公布到中国裁判文书上，且该数据统计仅为诉讼离婚案件，下列统计并非全部数据，仅作为参考。

年份	共计	感情破裂	出轨外遇	赌博	酗酒	吸毒	家庭暴力	虐待	遗弃	失踪
2020	67	25	2	1	1	0	0	0	0	0
2019	236	84	9	2	8	5	0	0	0	0
2018	310	88	16	7	2	2	0	0	0	0
2017	354	102	24	10	7	7	0	0	0	0
2016	1884	704	132	59	55	16	0	0	0	0
总计	2851	1003	183	79	73	30	0	0	0	0

统计显示，"感情破裂、出轨外遇、赌博、酗酒、吸毒、家暴、抢夺藏匿孩子"等是离婚主要原因，而"虐待、遗弃、失踪"导致离婚的判决书搜

索结果为 0，其中，因第三者导致离婚的排名第二，高居榜首的导致离婚的理由是感情破裂。

一方出轨如何离婚?

在我国，因一方出轨导致离婚的情况不在少数，在一方有出轨行为后，往往大多数另一半不能接受，并因此想要结束婚姻关系。那么，在夫或妻发现一方出轨并想要结束婚姻关系时，如何提起离婚诉讼，需要哪些程序?

典型案例

张丹丹与王庆经同学介绍相识，经过将近一年的了解，对彼此都比较认可，于 2017 年 10 月登记结婚，带着对新生活的憧憬和双方父母的祝福走进了婚姻的殿堂。

婚后不久，张丹丹生育儿子王晓。在怀孕期间，王庆对张丹丹也是极具宠爱，对孩子也非常疼爱，即使因工作原因需要出差，也会在出差前，帮张丹丹母子做好饭食放在冰箱。张丹丹父亲为了能让女儿过得更好，还托人找关系将王庆工作调到相对清闲的岗位上。

2019 年 5 月 20 日，张丹丹发现丈夫以出差为理由在"520"当天飞去了杭州，她以此为由逼问丈夫是否出轨。王庆承认出轨自己前女友，每次出差都会跟前女友在一起。王庆当着双方父母的面，跪下求张丹丹原谅他，并写下悔过书和保证书。

张丹丹考虑孩子、考虑到自己的辛苦付出，选择原谅，但是，无法与丈夫保持正常夫妻生活，每次丈夫想抱着张丹丹睡觉，她对丈夫就无比厌恶。她的心情烦闷，无处发泄，导致身体异常，肠道长了肿瘤，幸好是良性的。手术后，张丹丹想彻底与丈夫有个了断，想要与他解除婚姻关系。

像王庆这样一方有出轨行为，如何离婚才能保全自己的利益呢？

❤ ❤ ❤ ❤ ❤ ❤ ❤ ❤ ❤ ❤ **案例分析** ❤ ❤ ❤ ❤ ❤ ❤ ❤ ❤ ❤ ❤

一方婚内出轨、有外遇造成夫妻感情破裂是离婚率越来越高的主要原因之一。恋爱时的浪漫、激情、充满荷尔蒙的青春，在婚姻生活中逐渐褪去，更多的是每日的柴米油盐、孩子的哭闹、夫妻之间的争吵，再碰上难以调和的婆媳关系，与婚前生活形成强烈反差，不仅女人，男人也会有落差感。此时，若男人遇到一个温柔漂亮，对自己关心的女孩子，满是柔情地看着自己，如果道德底线被打破，出现出轨也不足为奇。虽然很多男人说"我出轨，都是你逼的"，一句话就将过错推给女方，好像自己道德沦丧、做出违反对妻子忠实的义务都是被逼迫，都是无辜的一样。

在本案例中，如果张丹丹想要与丈夫王庆离婚，可以选择通过协议离婚的方式进行。如果双方对离婚无法达成一致意见，张丹丹可以单方向王庆住所地或者经常居住地当地区县一级人民法院提起离婚诉讼。

对于王庆的出轨行为，若张丹丹主张离婚损害赔偿，需要承担举证责任，证明王庆在婚姻关系存续期间存在重大过错，并且导致离婚。

本案例中，王庆写下的悔过书和保证书将是一个有利的证据。

除了此外，还有哪些证据会被法院认可？在不侵犯第三人隐私的情况下的录音、录像或者照片都可以作为证据使用，另外，微信聊天记录、邮件往来、消费记录、证人证言也是可以的。需要注意的是，如果证据涉及第三人隐私，不可以投放到网络上，否则会侵犯他人隐私权，给自己带来不必要麻烦。

婚内出轨，是违法行为。对此，法律是怎样规定的呢？

《民法典》第一千零九十一条规定：有下列情形之一，导致离婚的，无过错方有权请求损害赔偿：

（一）重婚；

（二）与他人同居；

（三）实施家庭暴力；

（四）虐待、遗弃家庭成员；

（五）有其他重大过错。

对于此处的"其他重大过错"如何理解，是否指出轨行为呢？司法实践中，对于该条款的理解为，夫妻一方与第三人发生不正常男女关系，但是又没达到同居的程度，经法院认定具有重大过错的，那么无过错方可以请求在离婚时，要求过错方承担损害赔偿。

只有无过错方才可以要求过错方承担离婚损害赔偿，如果双方都有过错，不可以互相要求对方承担离婚损害赔偿。

遇到下列几种情形，如何解决呢？

（1）婚姻遭遇一方出轨，在离婚时是否会影响夫妻共同财产分割比例？具体分割比例是多少？能让对方净身出户吗？

夫妻感情破裂准予离婚，关于财产分割，《最高人民法院关于人民法院审理离婚案件处理财产分割问题的若干具体意见》规定："人民法院审理离婚案件对夫妻共同财产的处理，应当依照《中华人民共和国民法典》《中华人民共和国妇女权益保障法》及有关法律规定，分清个人财产、夫妻共同财产和家庭共同财产，坚持男女平等，保护妇女、儿童的合法权益，照顾无过错方，尊重当事人意愿，有利生产、方便生活的原则，合情合理地予以解决。"

一方出轨，是否可以让出轨方净身出户？首先，净身出户没有法律依据，法律上也没有"净身出户"这个词语。我国现行法律规定已经对外遇、出轨等一方存在过错导致离婚案件中的财产设定了指导原则。

夫或妻一方出轨，离婚分财产时先分析哪些属于个人财产、哪些属于夫妻共同财产。在平分夫妻共同财产的前提下，考虑照顾妇女、儿童的利益前提下，照顾无过错方、惩罚过错方，具体体现在夫妻共同财产分割要对外遇出轨过错方少分一点，对没有过错一方要多分一点。因此，即便一方存在出轨、外遇等过错行为，并不能让过错方净身出户。若出轨一方在自己出轨行为被发现后，为了跟第三者在一起，基于面子等原因自愿放弃全部财产并签署一个协议予以明确，才能实现所谓的"净身出户"，否则，仅仅因一方出轨、外遇行为并不对财产分割产生绝对的影响。

而且《民法典》实行以后，目前有的法院把外遇出轨、一夜情、嫖娼等行为认定属于民法典第一千零九十一条（五）有其他重大过错表现之一的，因此也是可以属于宽泛过错行为，可以影响财产分割。

（2）一方出轨，另一方可以主张精神损害赔偿吗？

《民法典》第一千零九十一条规定，夫妻离婚有重婚、与他人同居、实施家庭暴力、虐待、遗弃家庭成员、有其他重大过错几种情形的，无过错方可以在离婚的时候主张损害赔偿。此处的损害赔偿，包括物质损害赔偿和精神损害赔偿。物质赔偿就是医疗费，误工费之类的；涉及精神损害赔偿的，适用《最高人民法院关于确定民事侵权精神损害赔偿责任若干问题的解释》的有关规定。

从《民法典》第一千零九十一条规定可以看出，承担损害赔偿责任的主体，为离婚诉讼当事人中的过错方，在不离婚的情况下，无法仅对离婚损害赔偿单独提起诉讼。

（3）一方出轨，该如何办理离婚手续？

在夫妻双方对财产分割或子女抚养权无法达成一致意见的情况下，夫妻一方单独可以向人民法院提起离婚诉讼，建议在提起离婚诉讼时聘请律师。首先，起草起诉状、准备案件所需的证据。其次，向有管辖的人民法院递交起诉状和证据。一般情况下，在法院受理离婚案件后，会进入调解程序，此时会有调解员跟原被告联系，居中调解。如果双方能对争议达成一致意见，法院出具调解书，该案件不会进入审判程序；若双方无法在调解阶段达成一致意见，则案件由调解员转交审判庭，等待分配法官。在分配承办法官后，法官会安排开庭时间，往往在开庭前会收到法院邮寄的开庭传票，原被告双方按照开庭传票上的时间地点前往法庭进行开庭审理。最后，在法院组织开庭，原被告双方举证、质证、发表答辩意见和代理意见、法庭调查等环节，法院根据实际情况，对是否判决离婚、财产如何分割、子女抚养等问题做出判决。

夫妻离婚，孩子被一方抢夺、藏匿了怎么办？

在离婚案件中，抢夺藏匿孩子的发生概率越来越高。作为家长的一方在离婚时先下手为强，将孩子据为己有，一方面是增加离婚时谈判的砝码，另一方面是真的为家族血脉延续考虑。

不论因为什么原因抢夺藏匿孩子，在法律上都是不能容忍的。但限于法律法规没有对这一行为进行明确的约定，就形成了法律空白。

那么，如何在离婚时一方抢夺藏匿了孩子后，通过法律手段获得孩子的抚养权呢？

❤ ❤ ❤ ❤ ❤ ❤ ❤ ❤ ❤ ❤ ❤ ❤ **典型案例** ❤ ❤ ❤ ❤ ❤ ❤ ❤ ❤ ❤ ❤ ❤

江敏芝 2014 年大学毕业后留到北京工作，因工作忙碌没时间谈恋爱，眼看着三十多岁了，父母很是着急。

在好友的陪同下，江敏芝来到相亲角，与齐鑫的母亲相谈甚欢。齐鑫今年 38 岁，是地地道道的北京人，住在胡同大杂院里。25 岁的时候，他结过一次婚，由于经常因为买房争吵离了婚，之后也谈了几个女朋友，对方一听说齐鑫没房，就没了下文。

江敏芝作为外地姑娘，在北京奋斗多年，熟悉也喜欢现在的职业和生活的这个城市，考虑到对方虽然年纪大点，离过一次婚，但是没孩子，想着自己也不小了，好歹这个男人是北京市户口，结婚后就有家了，不用再漂着。于是在双方父母的推动下，双方很快办理了登记结婚，并于 2019 年 10 月份生育女儿。

女儿出生后，江敏芝也顺利成为分公司经理，是正儿八经的职业女强人。齐鑫则辞去了工作，全心在家带孩子。齐鑫母亲多次因儿子在家照顾孩子无工作，认为他是吃软饭的，而羞辱他。他也愈发自卑，在妻子面前抬不起头。看到有人送喝酒的妻子回家，他非常生气，甚至殴打江敏芝。双方矛盾升级后，江敏芝一气之下，将丈夫告上法庭，要求与丈夫离婚。在开庭当天，齐鑫坚决表示不同意离婚，自己只是一时糊涂才动手打了妻子，表示很后悔，愿意改正。然而，在开庭当天下午回家后，江敏芝没有见到孩子，她以为孩子让婆婆带出去玩了，直到傍晚也不见婆婆带孩子回来。之后，她拨打婆婆的电话，却发现自己已经被拉黑。她和齐鑫联系后才得知，孩子被婆婆带走了。之后，江敏芝通过各种方式寻找孩子的下落，都没有找到。

❤❤❤❤❤❤❤❤❤❤❤❤ 案例分析 ❤❤❤❤❤❤❤❤❤❤❤❤

《民法典》第一千零八十四条规定，父母与子女间的关系，不因父母离婚而消除。离婚后，子女无论由父或者母直接抚养，仍是父母双方的子女。离婚后，父母对于子女仍有抚养、教育、保护的权利和义务。离婚后，不满两周岁的子女，以由母亲直接抚养为原则。已满两周岁的子女，父母双方对抚养问题协议不成的，由人民法院根据双方的具体情况，按照最有利于未成年子女的原则判决。子女已满八周岁的，应当尊重其真实意愿。

然而，很多人为了争夺孩子的抚养权，选择以抢夺、藏匿孩子的形式进行，在将孩子抢夺藏匿后，与孩子建立起亲密母子关系或父子关系，在孩子到一定年龄后，法院会考虑孩子的生活学习居住等实际情况，可能会以不改变孩子居住环境为由，为儿童利益最大化考虑，将孩子的抚养权判给抢夺、藏匿孩子的一方。

2021 年 6 月 1 日颁布实施的《未成年人保护法》第二十四条规定："未成年人的父母离婚时，应当妥善处理未成年子女的抚养、教育、探望、财产等事宜，听取有表达意愿能力未成年人的意见。不得以抢夺、藏匿未成年子女等方式争夺抚养权。"

"未成年人的父母离婚后，不直接抚养未成年子女的一方应当依照协议、人民法院判决或者调解确定的时间和方式，在不影响未成年人学习、生活的情况下探望未成年子女，直接抚养的一方应当配合，但被人民法院依法中止探望权的除外。"

法律规定，以抢夺、藏匿未成年子女等方式争夺抚养权的方式是违法行为。在离婚时，遭遇孩子被抢夺藏匿，应及时提起离婚诉讼，尽快通过法院公权力机关来维护自己的合法权益。

孩子拥有独立的"亲权"，有权得到来自父母双方的共同关爱，没有人有权剥夺孩子享受父爱和母爱的权利。

实践中，抢夺和藏匿孩子的一方，为了躲避另一方及其家人的寻找，只能东躲西藏，如此一来，孩子只能处于不稳定的环境之中。实际上，离婚本身就会给未成年子女造成一定的心理伤害，而这种藏匿孩子的过激行为，更加会使孩子产生恐惧、焦虑的情绪，没有安全感，极其不利于孩子的身心健康。

在这种人为阻断亲情的情况下，孩子长期得不到另一方的关爱，导致情感缺爱、监护失管、学习失教，很容易在成长过程中造成人格缺陷，甚至会受原生态家庭环境的影响而误入歧途。

实际上，司法实践中，夺子大战愈演愈烈的首要原因是司法实践中的一些惯例做法使公众产生误解。

目前我国关于抚养权、探望权制度的法律规定具体体现在《民法典》以及相关的司法解释中。

《民法典》第一千零八十四条规定："父母与子女间的关系，不因父母离婚而消除。离婚后，子女无论由父或者母直接抚养，仍是父母双方的子女。离婚后，父母对于子女仍有抚养、教育、保护的权利和义务。离婚后，不满两周岁的子女，以由母亲直接抚养为原则。已满两周岁的子女，父母双方对抚养问题协议不成的，由人民法院根据双方的具体情况，按照最有利于未成年子女的原则判决。子女已满八周岁的，应当尊重其真实意愿。"

这些法律规定的立法本意是从有利于未成年子女身心健康、维护其合法权益的角度出发决定抚养权的归属，但从司法实践中来看，并没有得到很好的贯彻落实，反而变得愈发简单化，往往只考虑经济条件和执行方便，比如，谁的经济条件好、谁抢到了孩子，孩子就判给谁。

对司法解释的歪曲理解已经成为夺子大战愈演愈烈的重要原因之一。不只是普通人，甚至是很多律师都认为，只要在离婚过程中把孩子藏起来，造成由自己抚养或者由其父母代为抚养照顾这样假造的共同生活、直接抚养的事实，就可以增加夺取抚养权的筹码。

那么，对于已经发生的"抢""藏"孩子行为，法律上到底有没有救济手段呢？

如果抢孩子的行为发生在法院判决之前，那么可以依据民事诉讼法第一百条的相关规定主张行为保全。根据《广东法院审理离婚案件程序指引》明确规定，"对方当事人抢夺、转移、藏匿未成年子女的"，可以进行行为保全。如果抢孩子的行为发生在法院判决之后，那么甚至可能构成刑法第三百一十三条的"拒不执行判决、裁定罪"。

按照《最高人民法院关于确定民事侵权精神损害赔偿责任若干问题的解释》规定："非法使被监护人脱离监护，导致亲子关系或者近亲属间的亲属关系遭受严重损害，监护人向人民法院起诉请求赔偿精神损害的，人民法院应当依法予以受理。"因此，被侵犯监护权的一方，可以起诉要求另一方返还子女并要求赔偿精神损失。

在抢夺藏匿孩子过程中，如果存在有殴打行为，管辖地派出所会根据情节依据《治安管理处罚法》第四十三条殴打伤害他人的规定予以处罚。所以千万不要贸然去抢夺和藏匿孩子，做损人不利己的事情。

就现行法律而言，不享有抚养权的一方私自藏匿子女、扣留子女也会带来一些法律后果。但从总体上来说，目前我国现行法律没有直接具体规定抢孩子这一特定行为的法律后果，所以我国的法律体系还尚需完善。

调解：
关于法院调解的那些事

调解也是司法部门必要的解决问题的手段，在离婚诉讼中比较常见。只要男女双方当事人愿意，就可以在法律范畴内进行调解。

诉讼到法院的离婚案件也可以根据当事人的意愿进行调解。在什么情况下才能够调解？什么事项可以调解？这些都需要根据案情和当事人双方的意愿做出结论。

♥ ♥ ♥ ♥ ♥ ♥ ♥ ♥ ♥ ♥ ♥ **典型案例** ♥ ♥ ♥ ♥ ♥ ♥ ♥ ♥ ♥ ♥ ♥

李小姐与魏先生是大学同学，毕业后双方结婚生子，事业也做得风生水起，李小姐经常在朋友圈秀恩爱，是所有人眼中的神仙眷侣。

有一天晚上，魏先生喝酒回家后已经十一点，手机一直在响。李小姐接听了电话，听到那头一个女人的声音："亲爱的，你到家了吗？你一直没回消息，我很担心你。"李小姐以为对方打错了，说了声："喂，您好，您可能打错了。"对方把电话挂断了。

第二天在魏先生醒来之后，李小姐便开始兴师问罪。没想到魏先生说："你都知道了，那我也没必要隐瞒什么了。"之后，魏先生不再偷偷摸摸地出轨，而是不加丝毫掩饰，经常当着李小姐的面接情人的电话。虽然李小姐还爱着魏先生，对这个家还有不舍，但是她没有办法忍受丈夫明目张胆的出轨行为，于是找魏先生协商离婚，但是，魏先生给出的条件很苛刻，要求李小姐净身出户，儿子抚养权属于魏先生。

❤❤❤❤❤❤❤❤❤ 案例分析 ❤❤❤❤❤❤❤❤❤

我国夫妻离婚有两种方式，到民政局办理离婚登记和到法院起诉离婚。而法院调解离婚案件，一般是一方不同意离婚，另一方到法院起诉离婚，然后法院经过双方当事人同意后，进行调解。根据《民法典》第一千零七十八条规定，夫妻一方要求离婚的，可以由有关组织进行调解或者直接向人民法院提起离婚诉讼。人民法院审理离婚案件，应当进行调解；如果感情确已破裂，调解无效的，应当准予离婚。

本案例中，若李小姐与魏先生不能协商一致通过诉讼离婚，需要通过诉讼离婚方式进行，首先会进入调解阶段，由调解员对解除婚姻关系、子女抚养及抚养费、财产分割进行调解。若在诉前调解阶段，双方能达成一致意见，会形成调解书；若不能达成一致意见，则会进入审判程序，由法官根据事实和法律进行审判，当然在诉讼过程中，法官也会对离婚双方进行调解。

离婚案件中的调解是指什么？

调解一般包括诉前调解和诉中调解。

诉前调解是在法院正式立案之前先由人民调解员进行调解，一般先电话征求调解意向，再进行当面或视频调解，时间一般不超过 30 日，调解成功的，签订调解笔录，转立案后，再由法官出具调解书。

诉中调解是在审理过程中，双方当事人想要通过调解方式结案，在承办法官的主持下，进行调解。因此，调解程序贯穿诉讼离婚案件始终。

能调解和不能调解的内容

调解事项主要包括当事人离婚起诉状中的诉讼请求和与离婚案件有关的其他纠纷，调解老师或者调解法官会一并调解。如果双方对离婚达成一致意见，调解老师或者调解法官需要对未成年子女的抚养、探望以及财产分割等事项一并调解。

存在以下四种情形不能进行调解，应由法院依法处理：

一是对于存在无效婚姻的情形；

二是当事人请求解除婚姻关系的；

三是当事人请求确认亲子关系或者否认亲自关系的；

四是当事人之间存在恶意串通，借调解侵害他人合法权益的、当事人借调解拖延诉讼，并进行隐藏、转移、变卖、毁损共同财产行为的。

调解的方式

离婚案件的调解不公开进行。对于在调解过程中知悉的个人秘密和其他秘密，不得向与案件无关的第三人或单位透露。由于调解主要是为了维护和修复婚姻关系，一般通过劝导、说服等方法，引导和促使夫妻向和好的方向或者以理性的方式解决纠纷。

　　若在诉前调解阶段，双方能对诉争请求达成一致意见，会形成调解书，法院出具的调解书是正式法律文书，比当事人双方私下达成的调解协议更有效，因已经受到法院的确认，具有强制执行力，若日后一方反悔，则另一方可以依据调解书直接向法院申请强制执行。调解书生效后，双方当事人无须再去婚姻登记部门申请离婚证。

法院调解的离婚案件会有何结果？

　　（1）原告撤回离婚诉讼。在调解员或法官的调解下，涉诉原被告双方同意和好，原告可以依据《民事诉讼法》第九十八条之规定，撤回起诉。

　　（2）调解成功，法院出具调解书。法院根据原被告对于财产、子女抚养达成的意见制作调解书。法院出具的调解书与判决书具有同等的法律效力，是当事人解除婚姻关系合法的依据。法院出具的调解书有给付内容的调解书具有强制执行力，如果一方当事人不自觉履行生效调解书，权利人可申请人民法院强制执行。且在双方收到调解书后生效。

　　（3）调解不成功，案件转审判庭。原被告双方无法对是否离婚、财产分割以及子女抚养达成一致意见，则该案件由调解员转到审判庭，由法官审理。

离婚诉讼调解结案还需要付诉讼费吗？

　　根据《诉讼费用交纳办法》的规定，离婚案件每件交纳 50 元至 300 元。涉及财产分割，财产总额不超过 20 万元的，不另行交纳；超过 20 万元的部分，按照 0.5% 交纳。也就是说，如果一方起诉离婚，但是不要求财产分割，或者要求分割的财产总额不超过 20 万元，那么只用交纳 50 元到 300 元案件受理费，至于具体数额则由各地确定。而当要求分割的财产总额超过 20 万元时，则超过 20 万元的部分，按照 0.5% 交纳案件受理费。

以调解方式结案或者当事人申请撤诉的，或者适用简易程序审理的，减半交纳案件受理费。从费用上的考量来看，调解确实是一个经济的好办法。

综上，调解贯穿离婚案件始终，只要你有需求，不论是在起诉前或起诉后，都有机会进行调解程序；调解成本比较低，因此并不会造成额外的成本负担。调解一旦成立，与离婚判决有相同的效力，具有强制执行力。因此，在进行离婚诉讼时，选择调解也是一个不错的选项。

管辖地：
应该到哪里起诉离婚?

　　明确离婚纠纷的管辖法院，是提起离婚诉讼的前提。一方起诉离婚，应向有管辖权的法院提出。否则，法院将可能不予受理，即便法院受理，当对方提出管辖权异议时，也可能面临被移送的风险，从而导致诉讼拖延。

　　被告住所地人民法院管辖，是民事案件的一般管辖原则。但是，在离婚纠纷中，除被告住所地法院外，原告住所地、婚姻缔结地、一方在国内最后居住地法院等在某些情形下对离婚纠纷也具有管辖权。

♥ 一般原则：被告住所地或经常居住地法院管辖

♥♥♥♥♥♥♥♥♥♥♥♥ 典型案例 ♥♥♥♥♥♥♥♥♥♥♥♥

　　周家浩与妻子吕秋溪均为北京人，双方于 2015 年 8 月份在北京市石景山区登记结婚，婚后因婆媳矛盾家事不和，经常发生争吵，2019 年 11 月，吕秋溪带孩子去上海市静安区单位分公司所在地生活。

　　周家浩多次与妻子吕秋溪联系，均没有得到回应，遂欲通过诉讼方式提起离婚，应向哪个法院提交离婚申请?

一般原则：管辖权一般在被告住所地（或经常居住地）人民法院。

根据《民事诉讼法》第二十一条规定："对公民提起的民事诉讼，由被告住所地人民法院管辖；被告住所地与经常居住地不一致的，由经常居住地人民法院管辖。""经常居住地"如何确定？根据《最高人民法院关于适用〈中华人民共和国民事诉讼法〉的解释》第四条："公民的经常居住地是指公民离开住所地至起诉时已连续居住一年以上的地方，但公民住院就医的地方除外。"

本案例中管辖权在被告即吕秋溪住所地人民法院，吕秋溪已离开北京，在上海静安区已连续居住生活一年以上，且不是住院就医的情况，因此，周家浩应向上海市静安区人民法院提起诉讼。

原告住所地法院管辖

1. 一方住所在境外时的离婚管辖权约定

韩彦晨是北京人，王彦妮是河南人，双方在澳洲读书时相识。

大学毕业后，双方回了北京，并于海淀区婚姻登记部门登记结婚。结婚当天双方家庭因彩礼钱大打出手，婚后王彦妮未与韩彦晨共同生活，结婚第二天她就回了老家，后于 2018 年 5 月去澳洲定居生活。

2020 年 12 月，双方协议离婚，但是，由于在新冠肺炎疫情期间，王彦妮无法回国，于是商定由韩彦晨提起诉讼离婚。王彦妮不在国内，韩彦晨应该向哪个法院提交离婚申请呢？

♥ ♥ ♥ ♥ ♥ ♥ ♥ ♥ ♥ ♥ ♥ ♥ **案例分析** ♥ ♥ ♥ ♥ ♥ ♥ ♥ ♥ ♥ ♥ ♥ ♥

根据《民事诉讼法》规定，我国法院在受理涉外离婚案件时，采取原告就被告的原则，只要被告在我国有住所或有居所，我国法院就有管辖权。同时，对于被告不在我国境内居住的离婚案件，如原告在我国境内有住所或居所，则原告住所地或居所地法院也有管辖权。

本案例中，王彦妮不在国内，已经离开住所地超过一年时间，韩彦晨可以向自己的住所地法院提起离婚诉讼。

此外，离婚诉讼中，对一方下落不明的人、对被监禁或被采取强制措施的人以及被注销户籍的人提起的诉讼，由原告住所地人民法院进行管辖，原告住所地与经常居住地不一致的，由原告经常居住地人民法院管辖。

♥ ♥ ♥ ♥ ♥ ♥ ♥ ♥ ♥ ♥ ♥ ♥ **法律依据** ♥ ♥ ♥ ♥ ♥ ♥ ♥ ♥ ♥ ♥ ♥ ♥

（1）《民事诉讼法》第二十二条规定，下列民事诉讼，由原告住所地人民法院管辖；原告住所地与经常居住地不一致的，由原告经常居住地人民法院管辖：（一）对不在中华人民共和国领域内居住的人提起的有关身份关系的诉讼；（二）对下落不明或者宣告失踪的人提起的有关身份关系的诉讼；（三）对被采取强制性教育措施的人提起的诉讼；（四）对被监禁的人提起的诉讼。

（2）《最高人民法院关于适用〈中华人民共和国民事诉讼法〉的解释》第六条规定，被告被注销户籍的，依照民事诉讼法第二十二条规定确定管辖。

（3）《最高人民法院关于适用〈中华人民共和国民事诉讼法〉的解释》第十二条第一款规定，夫妻一方离开住所地超过一年，另一方起诉离婚的案件，可以由原告住所地人民法院管辖。

2. 涉外离婚诉讼管辖

• • • • • • • • • • • • • • • **典型案例** • • • • • • • • • • • • • •

骆小英是中国人，詹姆斯是美国人，双方于 2014 年 6 月在中国领取了结婚证，婚后双方并未生育子女。2018 年 12 月，詹姆斯告知骆小英其需要在 2019 年年初回国述职。骆小英无法割舍在中国的事业，未跟随詹姆斯前往美国生活。之后，骆小英结识了一位工作上的伙伴，她想要结束与詹姆斯名存实亡的婚姻关系，嫁给一个可以与自己厮守的人。

• • • • • • • • • • • • • • • **案例分析** • • • • • • • • • • • • • •

广义来讲，涉外婚姻是指具有涉外因素的婚姻家庭关系，即婚姻家庭关系的主体一方或双方是外国人或者是无国籍人，引起婚姻家庭关系产生、变更或者消灭的法律事实发生在国外。狭义来讲，我国的涉外婚姻指的是中国公民与外国公民或者外国公民与外国公民在我国境内按照我国法律办理结婚、复婚或离婚。

本案例中，骆小英与詹姆斯属于涉外婚姻。夫妻一方为中国居民一方为外籍人士，需要诉讼离婚的，原则上适用我国法律的"原告就被告"之一般地域管辖的原则，但若一方居住在国外，则可由原告住所地或经常居住地人民法院管辖。骆小英想要通过诉讼离婚，可以向其住所地或经常居住地人民法院提出诉讼。

3. 军事法院管辖

对于涉军婚姻的诉讼管辖，如果双方当事人都是现役军人的，由军事法院专门管辖，地方法院没有管辖权。如果当事人一方为军人的离婚诉讼，地方法院和军事法院均有管辖权。

• • • • • • • • • • • • • •　**法律依据**　• • • • • • • • • • • • • •

（1）《最高人民法院关于军事法院管辖民事案件若干问题的规定》第二条规定，下列民事案件，地方当事人向军事法院提起诉讼或者提出申请的，军事法院应当受理：（三）当事人一方为军人的婚姻家庭纠纷案件。

（2）《最高人民法院关于适用〈中华人民共和国民事诉讼法〉的解释》第十一条规定，双方当事人均为军人或者军队单位的民事案件由军事法院管辖。

4. 国内法院管辖

最高人民法院关于适用《中华人民共和国民事诉讼法》的解释（法释〔2015〕5号）第十三至十六条规定涉外离婚管辖情况：

（1）若涉外婚姻的双方当事人在国内结婚并定居在国外的华侨，如定居国法院以离婚诉讼须由婚姻缔结地法院管辖为由不予受理，当事人向人民法院提出离婚诉讼的，由婚姻缔结地或者一方在国内的最后居住地人民法院管辖。

（2）在国外结婚并定居国外的华侨，如定居国法院以离婚诉讼须由国籍所属国法院管辖为由不予受理，当事人向人民法院提出离婚诉讼的，由一方原住所地或者在国内的最后居住地人民法院管辖。

（3）中国公民一方居住在国外，一方居住在国内，不论哪一方向人民法院提起离婚诉讼，国内一方住所地人民法院都有权管辖。国外一方在居住国法院起诉，国内一方向人民法院起诉的，受诉人民法院有权管辖。

（4）中国公民双方在国外但未定居，一方向人民法院起诉离婚的，应由原告或者被告原住所地人民法院管辖。

（5）涉港、澳、台的离婚案件的管辖，比照涉外案件处理。

以上三个案例从不同的侧面解读了出现管辖权异议之后该怎么办。不同的条件适用不同的法律，当然，从法律角度而言，不管出现什么样的管辖异议，都会有解决方案来应对。

取证：

如何在不侵犯隐私前提下取证？

夫妻间出现感情危机并且要闹离婚的时候，一方总会对另一方的出轨行为进行调查取证，也有的需要调查对方的财产状况。但是，很多人通过不法手段，安装摄像头，使用跟踪器，还有通过非正常手段获得对方的财产情报，这些都属于不正当或者有违法的嫌疑。

如何在不侵犯对方人身隐私前提下取证呢？这里有学问，有诀窍。

❤ ❤ ❤ ❤ ❤ ❤ ❤ ❤ ❤ ❤ **典型案例** ❤ ❤ ❤ ❤ ❤ ❤ ❤ ❤ ❤ ❤

高妍在日本留学期间结识日本丈夫伊藤博文。

2018 年在高妍毕业回国后，伊藤博文因为爱情追随高妍来到中国生活，在某大学任教。

2019 年 2 月 14 日他们在中国登记结婚。2019 年 5 月高妍怀孕，在高妍怀孕后，伊藤博文以在单位加班为由，经常断联玩失踪，甚至会将高妍电话和微信拉黑，高妍被丢在家里养胎，在 2019 年 5 月某天，高妍的好友逛商场看到丈夫被一个姑娘挽着胳膊很亲密地在珠宝店买项链，并用相机记录下来发给高妍，高妍看到后非常生气，但很快冷静下来，之后，高妍就开始了挺着大肚子艰难的侦查之路。

高妍该如何取证才不侵犯伊藤博文的隐私权呢？

❤ ❤ ❤ ❤ ❤ ❤ ❤ ❤ ❤ ❤ ❤ 案例分析 ❤ ❤ ❤ ❤ ❤ ❤ ❤ ❤ ❤ ❤ ❤ ❤

据统计，60% 的离婚案件都是因为婚外情导致的。但是因为婚外情存在一种隐秘性，所以关于婚外情的取证往往也是个难题。取证方法稍有不慎，都有可能触犯到法律。

"捉奸"其实就是取证的一种方式，但要使得所获取的捉奸在床的证据被法律认可，还需要动动脑筋，法律意义上的证据需要具备三"性"：真实性、合法性、关联性。

像本案例中的高妍，就该通过合法的手段来取证，或者聘请专业律师帮助取证。

婚姻律师小课堂

在司法实践中，涉及婚姻关系的证据，例如一方出轨，出轨方与第三者亲密接触类证据、与第三者共同出游住酒店等类证据本身带有一定的隐私性质，所以举证并不容易。在婚姻关系中，夫妻一方发现另一方有出轨、有婚外情或其他违背夫妻忠实义务的行为，苦于没有证据，想请类似私家侦探一样机构或个人代为取证，想要获得以另一方出轨的证据，认为这样可以抓住对方过错行为，在分割财产时可以占据有利地位。真是这样的吗？下面我们一起看看相关的法律问题。

请"私家侦探"类似机构或个人获取证据的行为是否合法？

根据公安部颁布的《关于禁止开设"私人侦探所"性质的民间机构的通知》，已经明确规定，禁止任何单位和个人开办各种形式的民事事务调查所等私人侦探所性质的民间机构。因此，请"私家侦探"获取一方婚外情证据的方式并不可取，不仅是违法行为，还会因此侵犯个人隐私，给自己带来民事纠纷甚至是刑事责任。

婚外情证据作为认定案件事实依据的前提

婚外情证据作为认定案件事实的基本前提是具备"证据三性"。根据民事诉讼法规定，证据需符合"三性"，即合法性、真实性、关联性。合法性，指证的形式以及证据的来源符合法律的规定。一般而言，要求证据具备法定形式、符合形式要求、来源合法；真实性，也叫证据的客观性或者确实性。它是指证据所反映的内容应当是真实的，客观存在的。关联性，指民事证据与待证事实之间存在的客观联系。

例如，夫妻一方存在婚外情，在其婚外情被发现后，所书写的"悔过书""保证书"等证据是当事人一方自认的证据，符合证据三性，是可以作为认定事实证据使用的。而通过非法买卖的开房记录等类证据，来源不合法，在开庭时，很容易不被法官认可。

对于婚外情开房记录等涉及个人隐私的证据，如何获取呢？可以根据法律规定，向法院申请调查取证，请求法院依职权调取或委托律师持调查令去相关部门调取，法院调取的证据和律师调查取证的证据。当然，申请法院调取或申请法院开具调查令，由律师调取时，申请人需要提供一些基本的证据，给予相应依据。对婚外情的取证，如何把握尺度及运用合法有效的方法，关系到能否在诉讼中被认定为合法证据而受法官采纳、证明配偶的婚外情。

《最高人民法院关于民事诉讼证据的若干规定》第六十八条规定："以侵害他人合法权益或者违反法律禁止性规定的方法取得的证据，不能作为认定案件事实的依据。"

从上面的法律条文可知，只要没有侵害他人合法权益或者违反法律禁止性规定的方法取得的证据，就可以作为认定案件事实的依据。

离婚案件调查取证的原则

（1）围绕诉讼请求组织相关取证。离婚案件的诉讼请求无非四大类：请求人民法院判决离婚；抚养权归属；依法分割夫妻共同财产；请求被告承担损害赔偿。诉讼请求即为需法院解决的争议，法院审理离婚案件必须依靠证据来证明待证事实。在法庭上提交的证据须与案件待证事实有关系，如果无法证明待证事实的证据系无用证据。

（2）证据必须具备真实性、合法性、关联性。不具备证据规则要求的材料不能作为证据提交，故意制造虚假的证明材料的行为，例如模仿真实的证据而制造的证据，或者完全凭空捏造的虚假的证据，如果查明该证据确属伪造，法院会根据情节做出相应罚款、拘留等形式的处罚。

（3）在不侵犯他人隐私情况下，调取证据。因客观条件无法自行取证时，可以申请法院依职权调查或申请调查令，且该类证据被法院采信的可能性比较大。例如，离婚案件中，一方有与婚外第三者开房情况，当事人一方无法从酒店调取，可以申请法院以开具调查令，由委托的代理律师调取；或者，一方在婚姻关系存续期间，给第三者经常由大额转账、消费的情况，对于银行流水无法取得的，可以向法院申请调查取证。

（4）公共场所取证可被法院采纳。当事人在公园、电影院等公共场所取证，一般不会侵犯他人隐私，被法院采纳的可能性也较大。但是，在公共场所拥抱、牵手、亲吻的多，过于亲密接触的少，这些亲昵行为的照片很难说明配偶与第三者有重婚或是长期稳定同居的行为，只能从一个侧面证实他们有不正当的异性关系，证明配偶的过错存在。

取证方式和证据材料

（1）录音。受害方与其和配偶吵闹，不如和对方谈谈，说给他一个机会让他承认错误，你可以在这期间录音，作为以后诉讼的证据，如果可以的话你还可以要求他写一份悔过书，其中写明他和谁是什么关系，这是一种更直接的证据。

（2）视频证据搜集。受害方可以搬出去一段时间，在这期间你可以安装摄像设备在你家，有时候可以录到许多有用的证据，但是摄像设备安装在你家这又不是非法取得，所以这是一个好方法。另外，你还可以密切注意他们的举动，发现他们一起在夜间进入你家并熄灯休息，你可以找两名以上的人与你一同回家，名义上是拿东西实际上是抓奸，并且拍下照片。

（3）提供现场取证线索。如果你发现他们两个在其他地方发生性行为，你可以到公安局报案说发现卖淫嫖娼，公安局到现场抓获制作的笔录可以作为"婚外情"的证据。这样既不会承担违法风险，又可以取得书面证明材料（诉讼中可申请法院向警方调取，或者法院出具律师调查令）。

另外，鉴于从报案到出警，需要一定时间，如果情况紧急，可以考虑请亲友到场，在诉讼中如有需要，可由该亲友出庭作证。

（4）出轨一方写下的保证书、悔过书。在出轨方发现事件败露后，一般都会祈求原谅，在此时，无过错方要注意尽可能地留下对方出轨的证据，例如，让对方写下悔过书或保证书，若日后离婚，可以作为证据使用。

（5）收集出轨方的微信聊天记录、电话记录、电子邮件等视听资料，并保存原件，法院在质证过程中，需要对证据原件进行审核，只有有原件的证据才会被当作证据使用。

（6）获取出轨方微信、支付宝、银行卡消费记录。消费记录可以反映每天的生活状态，去过哪里，购买了哪些东西，例如为情人购买金银首饰、出去旅游、打款凭证、航空记录、电话通信记录、行车记录仪、租住宾馆入住登记记录、租房房租等相关票据都可以作为证据，如果可以查询到共同居住的小区，可以要求共同居住小区的物业开具证明，证明双方住在此处的盖章版文件。

（7）婚外生育子女的，孩子的出生记录或户籍资料。

（8）邻居、朋友的证人证言。

在法院和律师调查取证受限的情况下，私家侦探是调查维权的一种有效途径。法律上明文规定：在合法的前提下偷拍偷录的证据可以作为证据在法庭上使用。

综上，以上列举的并不能涵盖所有的合法取证方式，但是，在获取到对方隐私视频或照片后不可以在网上传播，否则会侵犯对方的隐私权或名誉权导致自己被处罚，仅仅是用在庭审中作为证据使用，不会侵犯隐私权和名誉权。

财产分割

人们都说，离婚就是两件事：一分财产，其次分人。也有人认为，离婚就是个人财产再分配的过程。对于夫妻双方来讲，家庭这样一个经济共同体解体后的首要任务，就是厘清彼此的财产归属问题。

从这个角度上讲，打离婚官司就是在打财产权属官司，财产的又一次分割是必然的。每一个当事人都有趋利避害的心理，也就是在财产权上多多益善。所以，对于离婚的双方来讲，首先需要选择的是财产分割问题。

那如何进行财产的分割呢？法律又有什么原则呢？

原则：
分割共同财产时遵循的原则

　　在法律层面，平等可以说是第一原则。这就是法律的公平性。其次是照顾相对弱势的群体，比如说女性，因其在家庭中承担的特殊责任，法律一般会对她们做出倾斜；再次就是家庭成员中的子女问题，尤其是对于未成年子女，法律给予高度的保护。

♥ ♥ ♥ ♥ ♥ ♥ ♥ ♥ ♥ ♥ ♥ ♥ **典型案例** ♥ ♥ ♥ ♥ ♥ ♥ ♥ ♥ ♥ ♥ ♥ ♥

　　王雅琳在 4S 店做车辆销售的工作，和丈夫杨建武是通过相亲认识的，杨建武经营一家小公司，两人也算白手起家，从裸婚到现在有儿有女，有房屋、车子和存款。

　　2012 年，婆婆因高血压住院后，王雅琳便听从老公的建议辞去工作，做了一名全职太太，在家全心照顾公婆和两个上小学的孩子。随着王雅琳做全职太太的时间越来越长，她和丈夫之间的共同语言越来越少，每天丈夫回家后，她就和丈夫抱怨孩子学习、公婆哪哪做得不好。

　　2019 年，丈夫经营的公司在外地开了一家分公司，他的工作越来越忙应酬不断，不仅晚上不回家吃饭，甚至整个月不回家。

　　某天丈夫醉酒回来后，衣服领口有口红印，脖子上也有口红印，王雅琳彻底不淡定了，越想越觉得委屈。在丈夫酒醒后，王雅琳才得知丈夫出轨的事，并且小三怀孕了，但他又不舍得抛弃孩子和老婆。王雅琳得知小三怀孕的事，伤透了心……

• ♥ • ♥ • ♥ • ♥ • ♥ • ♥ • ♥ • **案例分析** • ♥ • ♥ • ♥ • ♥ • ♥ • ♥ • ♥ •

在这个案例中，若王雅琳与丈夫杨建武离婚，离婚时对于财产分割和孩子有哪些原则？

《民法典》第一千零八十七条规定："离婚时，夫妻的共同财产由双方协议处理；协议不成时，由人民法院根据财产的具体情况，照顾子女、女方和无过错方权益的原则判决。"根据上述规定可知，在财产分割时，会保护妇女、儿童的合法权益，照顾无过错方，也就是说如果有证据证明对方存在过错，法院在分割财产时会适当照顾无过错方，具体的分割比例还需要结合案件的具体情况及过错程度。

在王雅琳的案例中，法院一般要在"男女平等、照顾子女、女方和无过错方"的原则下，对其财产分割和孩子抚养权进行判决。

夫妻双方离婚时需要对共同财产进行分割，根据《民法典》《最高人民法院关于适用〈中华人民共和国民法典〉婚姻家庭编的解释（一）》及实务裁判情况，对于夫妻共同财产的分割主要遵循如下几方面原则。

1. 尊重意思自治原则

依据我国《民法典》第一千零八十七条规定，"离婚时，夫妻的共同财产由双方协议处理"。离婚时夫妻对财产的分割，双方应在协商一致的原则下进行，并非一方即可决定。如果双方经协商能达成一致的，无论是协议离婚还是法院判决离婚都可以按双方协议结果处理分割共同财产。但双方的意愿必须是真实的、合法的，在一方愿意放弃全部或一部分财产权时，只要不危害国家、集体、社会和他人合法权益，一般是合法有效的。如果是通过离婚的手段企图达到转移财产恶意逃避债务的目的，损害了债权人的权益，则存在债权人追责问题。

2. 男女平等原则

依据我国《民法典》第一千零四十一条规定，我国实行男女平等的婚姻制度。在分割财产时，不因男女区别对待，不因男方或女方对财产贡献多而不平均分财产。

本案例中，尽管王雅琳做全职太太，无收入，在分割财产时，也应男女平等，不因王雅琳的丈夫对家庭经济收入贡献多而不平均分割夫妻共同财产。

3. 照顾子女和女方权益原则

依据《民法典》第一千零八十七条规定，协议不成的，由人民法院根据财产的具体情况，按照照顾子女、女方和无过错方权益的原则判决。在分割夫妻共同财产时应注意对未成年子女和女方给予适当的照顾。在离婚分割夫妻共同财产时，应尊重和保护妇女权利，不能歧视妇女，认为妇女经济收入贡献少应少分的观念是错误的。

本案例中，王雅琳作为全职太太，照顾公婆两个子女，体贴丈夫，对于家务劳动负担较多，在双方协议分割财产不能达成一致意见时，法院依据法律规定，按照照顾子女、女方和无过错方权益原则进行分割财产。

4. 照顾无过错方的原则

依据《民法典》第一千零九十一条规定，过错方有重婚、与他人同居、实施家暴或存在遗弃、虐待家庭成员或其他过错行为导致离婚的，无过错方有权请求损害赔偿。

本案例中，王雅琳的丈夫出轨导致小三怀孕造成的夫妻之间离婚，其丈夫存在严重过错，王雅琳作为无过错方，可以依据《民法典》第一千零九十一条规定要求其丈夫支付离婚损害赔偿。

5. 家务劳动补偿原则

依据《民法典》第一千零八十八条规定，夫妻一方因抚育子女、照料老年人、协助另一方工作等负担较多义务的，离婚时有权向另一方请求补偿，另一方应当给予补偿。具体办法由双方协议；协议不成的，由人民法院判决。

《民法典》第一千零八十八条将"劳务补偿制度"予以明确，并且"劳务补偿制度"不再限于仅约定夫妻财产制，适用于所有离婚。不仅仅适用于女性，也适用于男性，有很多女性在外工作，男性在家中承担家务、孩子等工作。这一制度体现尊重家务劳动，是社会的一大进步。

虽然法律规定了"劳务补偿制度"，但具体补偿的方式、数额并没有明确规定，在双方协议不成时，由法院根据双方婚姻关系存续时间、女方在家务劳动中具体付出的情况、男方个人的经济收入、当地一般的生活水平等因素来确定。

本案例中，王雅琳作为全职太太，抚育子女、照料公婆对家务负担较多，在离婚时，可以依据《民法典》第一千零八十八条规定向要求丈夫给予一定的补偿。

6. 困难帮助

我国《民法典》第一千零九十条规定，离婚时，如果一方生活困难，有负担能力的另一方应当给予适当帮助。具体办法由双方协议；协议不成的，由人民法院判决。"一方生活困难"，是指依靠个人财产和离婚时分得的财产无法维持当地基本生活水平。对于一方离婚后没有住处的，属于生活困难。

对于给予帮助的方式没有明确规定，审判实践中，一般会考虑双方的收入和财产，双方就业能力、子女抚养、婚姻期间的生活水平等因素，综合确定困难帮助的数额和方式。

　　本案例中，王雅琳作为家庭主妇，多年未参加工作，离婚后没有收入来源，就业能力堪忧，如果属于生活困难一方，可以要求杨建武给予适当帮助。

7. 侵害共同财产的惩罚原则

　　《民法典》第一千零九十二条规定，夫妻一方隐藏、转移、变卖、毁损、挥霍夫妻共同财产，或者伪造夫妻共同债务企图侵占另一方财产的，在离婚分割夫妻共同财产时，对该方可以少分或者不分。离婚后，另一方发现有上述行为的，可以向人民法院提起诉讼，请求再次分割夫妻共同财产。

　　综上，在婚姻出现裂痕，双方无法维持婚姻关系，应和平协商，本着照顾女方、子女和无过错方的原则，用理智和情感去解决问题，处理好共有财产、子女抚养问题，给自己的婚姻画上一个圆满的句号。

范围：

法律如何界定夫妻财产归属？

从法律规定的角度来说，只要两个人确定了婚姻关系，那么，其共同拥有的财产都是共有的，如双方的经济来源收入、婚后购买的房子、婚后两个人的投资所得，等等。法律对于婚姻存续期间一方"隐藏、转移、变卖、毁损，企图侵占另一方财产"也有规定，只要在离婚时，被侵占一方能够举证证明自己的财产被侵占，法院是会维护被侵占方利益的。

❤ ❤ ❤ ❤ ❤ ❤ ❤ ❤ ❤ ❤ ❤ **典型案例** ❤ ❤ ❤ ❤ ❤ ❤ ❤ ❤ ❤ ❤ ❤

朱怡婷与丈夫杨世轩系通过社交软件相识，双方于2015年8月份结婚。婚后他们在北京用夫妻共同财产购置一套学区房，产权登记在丈夫杨世轩名下。

婚后多年，朱怡婷未能生育，后通过医院检查得知她患有不孕不育症。2020年8月双方想要在北京购置二套房屋，但是由于政策限制，二套房屋首付款支付比例比较高，双方为减轻经济压力以"假离婚的方式购买第二套房屋"。2020年9月，双方在民政局办理协议离婚，并签订离婚协议，约定房屋和存款均归杨世轩所有。

在双方假离婚后，朱怡婷一直催促丈夫杨世轩去办理二套房屋手续，但是，杨世轩以在外出差不能回来为由推辞，之后，杨世轩与朱怡婷的沟通联系渐少，2020年12月份朱怡婷方得知杨世轩已经和第三者登记结婚。

本案例中，杨世轩通过"假离婚"的方式骗取朱怡婷与其真离婚，并将房屋、存款以离婚协议的方式骗走。朱怡婷人财两空，该如何维权呢？

❤❤❤❤❤❤❤❤❤❤❤❤❤ **案例分析** ❤❤❤❤❤❤❤❤❤❤❤❤❤

　　本案例中，朱怡婷与杨世轩对于夫妻共同财产没有约定，应适用夫妻财产制度的规定，对于夫妻关系存续期间形成的财产包括房屋、车辆、存款、基金证券、股票等均可以要求分割。

　　在法律上，并没有"假离婚"一说，《民法典》婚姻编规定，完成离婚登记，或者离婚判决书、调解书生效，即解除婚姻关系。对于离婚已经形成事实，唯一能维护的就是夫妻共同财产，由于夫妻之间的离婚协议书已生效，需要朱怡婷找到证据证明杨世轩以"假离婚"方式骗取其离婚而签订的离婚协议书，从而对夫妻财产再次分割。

婚姻律师小课堂

　　法定夫妻共同财产、法定个人财产和约定夫妻共同财产

　　根据民法典及司法解释的规定，夫妻财产制，是规定夫妻财产关系的法律制度，其核心是夫妻婚前财产和婚后所得财产的所有权归属问题。

　　夫妻之间财产关系分为法定的共同财产制和约定财产制度，法定夫妻财产制符合历史传统与婚姻原则，很多夫妻都是法定夫妻财产制。但是，随着社会的发展、观念的开放，约定财产制开始成为许多夫妻经营婚姻生活的"新宠"。下面我们主要讲解下，何为法定夫妻共同财产、法定个人财产，何为约定夫妻共同财产。

1. 法定夫妻共同财产

对于共同财产，都可以分割。哪些属于夫妻共同财产？法定夫妻共同财产范围如下：

①工资、奖金、劳务报酬；

②生产、经营、投资的收益；

③双方实际取得或者应当取得的"住房补贴""住房公积金""养老保险"和"破产安置补偿费"；

④一方个人财产在婚姻关系存续期间所得的收益（夫妻个人财产产生的天然孳息和法定孳息仍为个人财产；夫妻个人财产产生的自然增值仍为个人财产）；

⑤实际取得或者已经明确可以取得"知识产权上的财产性收益"；

⑥继承或受赠取得的财产（但遗嘱或者赠与合同中确定只归一方的财产，为该夫妻一方的个人财产）；

⑦由一方婚前以个人财产购买，且登记在自己名下的不动产，并于婚后以夫妻共同财产还贷的，除非当事人另有约定，原则上认定房屋所有权归登记名义个人所有，但婚后以共同财产还贷的部分及其自然增值，应认定为夫妻共同财产；

⑧军人的复原费、自主择业费等一次性费用，以夫妻婚姻关系存续年限乘以年平均值，所得数额为夫妻共同财产；

⑨婚后夫妻双方的父母出资为夫妻购买的房屋，产权登记在夫妻一方名下的，除非另有约定，原则上认定为夫妻按份共有。份额按照双方父母的出资比例确定。

2.法定个人财产

对于婚前夫妻一方的个人财产，不可以分割。法定夫妻个人财产范围如下：

①一方的婚前财产；

②一方因受到人身损害获得的赔偿或者补偿；

③遗嘱或者赠与合同中确定只归一方的财产；

④一方专用的生活用品；

⑤军人的伤亡保险金、伤残补助金、医药生活补助费属于军人的个人财产；

⑥军人复原费、自主择业费扣除夫妻共同财产的部分属于复转军人的个人财产；

⑦由一方婚前以个人财产购买，且登记在自己名下的不动产，并于婚后以夫妻共同财产还贷的，除非当事人另有约定，原则上认定房屋所有权归登记名义人个人所有；

⑧婚后由一方父母出资为子女购买的不动产，产权登记在出资人子女名下的，可以视为只对自己子女一方的赠与，该不动产应认定为一方的个人财产。

3.约定夫妻共同财产

《民法典》第一千零六十五条对约定夫妻财产制进行了规定，规定"男女双方可以约定婚姻关系存续期间所得的财产以及婚前财产归各自所有、共同所有或者部分各自所有、部分共同所有。约定应当采用书面形式。没有约定或者约定不明确的，适用本法第一千零六十二条、第一千零六十三条的规定"。

夫妻对婚姻关系存续期间所得的财产以及婚前财产的约定，对双方具有法律约束力。夫妻对婚姻关系存续期间所得的财产约定归各自所有。夫或者妻一方对外所负的债务，相对人知道该约定的，以夫或者妻一方的个人财产清偿。对于约定的属于夫或妻一方的财产，在离婚时，无法要求分割。

一方隐藏、转移、变卖、毁损，企图侵占另一方财产怎么办？

1. 向法院起诉对方，再次分割共同财产

《民法典》第一千零九十二条规定："夫妻一方隐藏、转移、变卖、毁损、挥霍夫妻共同财产，或者伪造夫妻共同债务企图侵占另一方财产的，在离婚分割夫妻共同财产时，对该方可以少分或者不分。离婚后，另一方发现有上述行为的，可以向人民法院提起诉讼，请求再次分割夫妻共同财产。"

因此，一方在离婚时或离婚后，在有证据证明夫或妻一方在婚姻关系存续期间或离婚时存在隐藏、转移、变卖、毁损、挥霍夫妻共同财产，或者伪造夫妻共同债务企图侵占另一方财产的情形的，可以向法院起诉要求少分或者不分，若在离婚后发现，也可以向法院提起离婚后财产纠纷，请求再次分割夫妻共同财产。

2. 注意诉讼时效，及时取证

注意，离婚后财产纠纷的诉讼时效为3年，自当事人发现之日起计算。《最高人民法院关于适用〈中华人民共和国民法典〉婚姻家庭编的解释（一）》第八十四条："当事人依据民法典第一千零九十二条的规定向人民法院提起诉讼，请求再次分割夫妻共同财产的诉讼时效期间为三年，从当事人发现之日起计算。"法律保护权利，不保护躺在权利上睡觉的人，在得知权利被侵害后应及时向法院提起诉讼。

夫妻间可分割的共同财产比较好认定，但是在司法实践中，对于"隐藏、转移、变卖、毁损，企图侵占另一方财产"的行为，需要大量的调查取证，才能够证明其行为的存在。这就告诉人们，当发现一方有"隐藏、转移、变卖、毁损，企图侵占财产"的行为，一定要及时取证，保留下可靠的证据。

本案中，朱怡婷应自发现之日起向法院提起诉讼，超过三年诉讼时效则权利得不到保证。

债务：

法律如何认定夫妻共同债务？

对于夫妻共同债务的规定主要有《民法典》第一千零六十五条："夫妻双方共同签名或者夫妻一方事后追认等共同意思表示所负的债务，以及夫妻一方在婚姻关系存续期间以个人名义为家庭日常生活需要所负的债务，属于夫妻共同债务。夫妻一方在婚姻关系存续期间以个人名义超出家庭日常生活需要所负的债务，不属于夫妻共同债务；但是，债权人能够证明该债务用于夫妻共同生活、共同生产经营或者基于夫妻双方共同意思表示的除外。"

共同债务共有两种表现形式：①共签之债，即夫妻双方对债务有共同的意思表示，共同签名、事后一方追认等方式明确表示对该笔债务共同承担；②家事代理形成之债。即用于家庭日常生活需要所负债务。

共签共认之债

◆◆◆◆◆◆◆◆◆◆◆◆◆　**典型案例**　◆◆◆◆◆◆◆◆◆◆◆◆◆

冯万美与丈夫谢仁昇经营一家火锅店，2020 年因店内煤气罐爆炸，导致五名在店就餐客户严重伤残，冯万美夫妇急需大笔资金给伤者看病和安抚家属，双方向共同好友朱彦今借款 200 万元救急，并共同签署借条。

2021 年双方离婚，该笔债务是否属于夫妻共同债务？

❤ ❤ ❤ ❤ ❤ ❤ ❤ ❤ ❤ ❤ **案例分析** ❤ ❤ ❤ ❤ ❤ ❤ ❤ ❤ ❤ ❤

本案例中，冯万美在婚姻关系存续期间，共同向好友举债，并共同签署借条，该笔债务基于明确的共同的意思表示做出，且用于生产经营，属于夫妻共同债务。

《民法典》第一千零六十四条规定，夫妻双方共同签名或者夫妻一方事后追认等共同意思表示所负的债务属于夫妻共同债务。共同意思表示的方式有多种，除了共同签名、一方事后追认等明确表示愿意和配偶一起承担债务的情况，实践中还常常出现未举债一方默示同意举债的情形。

根据相关规定和相关司法判例，有证据证明未举债一方对负债知晓且未提出异议的，可以推定夫妻有共同举债的意思表示。具体情形包括：

（1）未借债一方以个人名义部分偿还借款或利益；

（2）未借债一方提供一行账号接受相应款项，或举债一方要求将借款汇入未举债一方控制的账户内；

（3）未借债一方以个人财产为借款设立抵押；

（4）未借债一方在离婚协议中确认存在相应共同债务。

因此，为避免纠纷，债权人在出借款项时应要求债务人夫妻双方共同签署借条或协议等文件，以明示方式固定证据；如果夫妻一方在没同意情况下发现另一方在外举债，应当明确告诉债权人，表示对这笔债务不承担偿还责任，以减少"被负债"的可能性。

家事代理形成之债

❤❤❤❤❤❤❤❤　典型案例　❤❤❤❤❤❤❤❤

　　金成凤与杨绮绮系夫妻，2019 年 10 月 28 日，金成凤向周方借款 5000 元用于购买车辆，并出具"借条"，周方以微信转账方式向金成凤出借 5000 元。"借条"写明："本人金成凤今借到周方现金人民币 5000 元整，2020 年 10 月 29 日归还。"因金成凤未按时还款，周方向法院起诉，要求金成凤与杨绮绮偿还本息。

　　本案例中，金成凤以个人名义借款 5000 元，是否属于夫妻共同债务？如何判断该笔债务是否属于因家庭日常生活需要产生的？

❤❤❤❤❤❤❤❤　案例分析　❤❤❤❤❤❤❤❤

　　家事代理之债指《民法典》第一千零六十四条"夫妻一方在婚姻关系存续期间以个人名义为家庭日常生活需要所负的债务，属于夫妻共同债务。夫妻一方在婚姻关系存续期间以个人名义超出家庭日常生活需要所负的债务，不属于夫妻共同债务"的规定。

　　"家庭日常生活需要"包括夫妻双方及其共同生活的未成年子女在日常生活中的必要开支，比如衣食住行、医疗保健、子女教育、娱乐文化等消费支出。这些费用是维系一个家庭正常生活所必需的开支，而不是指为奢侈享受支付的款项。

　　综合部分省市高级人民法院出台的意见和指引，是否系家庭日常生活需要，应当结合夫妻现实感情状况、债务金额、借款用途、家庭背景以及当地一般社会生活习惯等方面综合判断。

对于以下几种情况，夫妻一方在婚姻关系存续期间以个人名义所负债务不为夫妻共同债务：

（1）债务金额明显超出债务人或者当地普通居民家庭日常消费水平的；

（2）债务发生于夫妻分居、离婚诉讼等夫妻关系不和平期间，债权人知道或应当知道的；

（3）债权人明知或者应知债务人从事赌博、吸毒等违法犯罪活动仍出借款项的；

（4）债权人明知或者应知债务人负债累累、信用不佳，或在前债未还情况下仍继续出借款项的；

（5）借贷双方约定高额利息，与正常生活所需明显不符的。

婚姻律师小课堂

本案例中，虽然是以金成风个人名义向周方借款 5000 元，但借款金额不大，未超出日常家事代理的范围，且该借款是用于购车，因此，该笔借款应认定为家庭日常生活需要所负的债务，故金成风与杨绮绮需要共同承担还款义务。

哪些债务不属于夫妻共同债务？

典型案例

宁俊慧大学毕业后一直在北京工作，其间处了几个对象，但到谈婚论嫁的时候就无疾而终，父母为年纪已经 35 岁的女儿着急。

2019 年经媒人介绍，她认识了邻村的陈鸿，在父母和媒人不停地催婚下，宁俊慧嫁给了这个小她五岁的男人。婚后不久，宁俊慧才知道丈夫没有正经工作，兜售信用卡，还曾因赌博被拘留。2021 年初在想要离婚时发现自己已经怀孕，作为高龄产妇的宁俊慧很珍惜这个孩子的到来，不想孩子一出生就生活在单亲家庭里。宁俊慧与丈夫陈鸿认真交谈后，陈鸿说自己在婚前向朋友借 10 万赌博未归还，婚内通过信用卡套现共计 35 万元用于赌博和日常生活，除此之外，没有其他债务了。

对于以上债务，哪些属于夫妻共同债务呢？

案例分析

本案例中，陈鸿婚前负债 10 万元为婚前个人债务，宁俊慧无须承担还款责任；对于陈鸿利用信用卡套现部分，即以个人名义超出家庭日常生活需要所负的债务，则不属于夫妻共同财产，但是该部分债务不仅仅用于赌博还用于家庭日常生活开支上，这种情况下，很难证明该部分债务是否用于夫妻共同生活，需要债权人承担举证责任。

通过分析，人们了解了共同债务的形成及两种存在方式，还有什么样的债务不属于夫妻共同债务。这样分析认清后，对于夫妻间对于债务的处理会有帮助。

《民法典》第一千零六十四条第二款规定："夫妻一方在婚姻关系存续期间以个人名义超出家庭日常生活需要所负的债务，不属于夫妻共同债务；但是，债权人能够证明该债务用于夫妻共同生活、共同生产经营或者基于夫妻双方共同意思表示的除外。"

1. 一方的婚前借款

婚前一方的借款，未用于夫妻共同生活，属于个人债务，不需要婚后另一方承担偿还责任；但是，对于婚前购房，所借款项用于婚后共同生活，则不属于个人债务，属于夫妻共同债务。对于婚内用信用卡套现部分欠款如何认定，主要看是否用于共同生活。

2. 用作不法活动的债务

对于债权人明知或应知债务人借款是用于赌博、吸毒等其他违法犯罪行为的，或者债权人与债务人约定高额利息的，或者债权人知道债务人处在夫妻离婚诉讼期或者分居期间的，原则上不属于夫妻共同债务。但是，若债权人主张属于夫妻共同债务的，需要承担举证责任证明该笔款项用于夫妻共同生活或生产经营，或者该债务是基于夫妻共同意思表示。

注意，夫妻之间签订婚内财产协议，将婚姻关系存续期间因便婚姻生活所负债务全部由一方承担，即便在离婚后，债权人仍可就该笔债务向夫妻双方主张，因夫妻之间签订的婚内财产协议，根据合同相对性原则，该协议仅对夫妻双方产生效力，不对婚姻关系外第三人产生对抗力。因此，在夫妻一方就债权人的债务偿还后，可以向另一方追偿。

损害赔偿：
过错方的认定和赔偿标准

　　离婚损害赔偿，是指因夫妻一方的重大过错，导致婚姻关系破裂的，过错方应对无过错方的损失予以赔偿的法律制度。婚姻关系存续期间，夫妻之间互负忠实、关爱的义务，一方违反该义务，势必对另一方造成一定的物质、精神上的伤害。在《民法典》中对于婚姻中过错方的行为有明确的规定，在本节中就可以找到答案。关于赔偿标准法律没有明确界定，是需要依靠实际案情来做出判断。

❤❤❤❤❤❤❤❤❤❤❤❤❤❤　**典型案例**　❤❤❤❤❤❤❤❤❤❤❤❤❤❤

　　周爱国与余华于 1990 年 3 月登记结婚，婚后生育两名子女，现都已成年。在 30 年婚姻生活内，周爱国经常对余华进行家暴，最严重的一次导致余华肋骨骨折，好几个月后伤势才痊愈。

　　2000 年初周爱国染上赌博，经常跟余华要钱，一旦她不给，周爱国便对余华拳打脚踢，在余华试图抵挡的时候，周爱国近乎疯狂地殴打余华。对生活深深的绝望，让余华多次想要自杀，考虑到孩子不能没有母亲，这种生活持续了二十多年。在两个孩子都结婚后，余华放下了对这个家的执念，在女儿的陪同下，向法院提起诉讼离婚，要求与周爱国离婚，平分夫妻共同财产，并要求周爱国支付离婚损害赔偿。

案例分析

本案例中，周爱国经常家暴妻子余华，且有赌博行为，在诉讼离婚时，余华需要举证证明周爱国的这些过错行为，在被法院认可后，才能得到支持。因此，女性朋友在遭遇家庭暴力或其他丈夫的过错行为导致伤害发生时，一定要及时保存证据。

在本案例中，物质赔偿需要根据造成实际财产损失大小来赔偿，精神赔偿则需要法院综合周爱国过错程度、具体情节、所造成的后果、获利情况、经济能力以及当地平均生活水平综合判断。

《民法典》第一千零九十一条规定，有下列情形之一，导致离婚的，无过错方有权请求损害赔偿：

（一）重婚；

（二）与他人同居；

（三）实施家庭暴力；

（四）虐待、遗弃家庭成员；

（五）有其他重大过错。

哪些情形可以请求损害赔偿？

离婚损害赔偿制度属于侵权责任在婚姻法领域的延伸，包含一般的侵权四要件：过错行为、损害结果、因果关系、主观过错。婚姻双方中的一方因主观上的过错，实施了重婚、与他人同居、家庭暴力、虐待家庭成员、遗弃家庭成员等过错行为，给无过错方造成了损害的，并因过错行为导致离婚，无过错方有权请求损害赔偿。

根据《民法典》第一千零九十一条规定，具体的过错行为如下。

（1）重婚。有配偶而又与他人结婚的，构成重婚。《民法典》第一千零四十一条明确规定，实行婚姻自由、一夫一妻、男女平等的婚姻制度。重婚行为严重违反一夫一妻的婚姻制度，侵犯了夫妻中另一方的配偶权，同时构成刑事犯罪。

（2）与他人同居。这里需要注意出轨并不是"与他人同居"，根据《最高人民法院关于适用〈中华人民共和国民法典〉婚姻家庭编的解释（一）》第二条规定，"与他人同居"的情形，是指有配偶者与婚外异性，不以夫妻名义，持续、稳定地共同居住。

（3）实施家庭暴力。根据《反家庭暴力法》第二条规定，家庭暴力，是指家庭成员之间以殴打、捆绑、残害等方式实施的身体、精神侵害行为。家庭暴力既包括身体暴力，如殴打、捆绑、残害，限制人身自由，以饿冻、有病不给治疗等方式虐待、遗弃没有独立生活能力的儿童、老人、残疾人、重病患者，在家庭教育中以暴力方式管教儿童等；也包括精神暴力，如对受害人进行侮辱、谩骂、诽谤、宣扬隐私、无端指责、人格贬损、恐吓、威胁、跟踪、骚扰等。

（4）虐待家庭成员，即持续性、经常性的家庭暴力；遗弃家庭成员，即对年老、年幼、患病或其他没有独立生活能力的人，负有扶养义务而拒绝扶养的行为。

（5）有其他重大过错，即婚姻中其他违反婚姻和家庭义务的行为，如赌博、吸毒、嫖娼、出轨等过错行为，由法院根据案件情况认定是否构成重大过错。如果夫妻双方均存在过错行为，则在离婚时，双方均不能主张离婚损害赔偿。

损害赔偿应向谁提出？

根据《最高人民法院关于适用〈中华人民共和国民法典〉婚姻家庭编的解释（一）》第八十七条规定，离婚损害赔偿的责任主体，系离婚诉讼当事人（即夫妻双方）中无过错方的配偶。换句话说，离婚损害赔偿纠纷仅发生在夫妻之间，无过错方可以向过错方追索损害赔偿，无权向除配偶外的其他人，如配偶的出轨对象、婚外子女或配偶近亲属追索损害赔偿。

损害赔偿请求应在什么时候提出？

根据《最高人民法院关于适用〈中华人民共和国民法典〉婚姻家庭编的解释（一）》第八十七条规定，在婚姻关系存续期间，当事人不起诉离婚而仅提起损害赔偿诉请的，人民法院不予受理。即无过错方只能在提起离婚诉讼的同时，向对方主张损害赔偿。

当事人协议离婚后，无过错方仍可单独依据《民法典》第一千零九十一条起诉对方承担损害赔偿责任。但根据《最高人民法院关于适用〈中华人民共和国民法典〉婚姻家庭编的解释（一）》第八十九条规定，如当事人在协议离婚时已明确约定放弃索赔的，将无法获得支持。

《最高人民法院关于适用〈中华人民共和国民法典〉婚姻家庭编的解释（一）》第九十条规定，如果夫妻双方都存在第一千零九十一条规定的过错情形，则均无权向对方主张离婚损害赔偿。需要注意的是，如人民法院判决不准离婚的，无过错方一并提起的损害赔偿请求，也将不予支持。

损害赔偿包括哪些内容？

离婚损害赔偿包括物质损害赔偿和精神损害赔偿。根据《最高人民法院关于适用〈中华人民共和国民法典〉婚姻家庭编的解释（一）》第八十六条规定，"损害赔偿"包括物质损害赔偿和精神损害赔偿。

关于物质损害赔偿，应当区别于在共同财产分割时对过错方可不分和少分财产。即该等损害赔偿并非从共同财产中直接分割，而是在分割财产后，向过错方另行索赔，过错方应当从其个人财产中向无过错方支付赔偿。

关于精神损害赔偿，适用《最高人民法院关于确定民事侵权精神损害赔偿责任若干问题的解释》的相关规定。判断精神损害赔偿金额，需对过错方的主观过错，行为恶劣程度，以及是否造成严重后果等因素进行综合考量。

涉及精神损害赔偿的，适用《最高人民法院关于确定民事侵权精神损害赔偿责任若干问题的解释》的有关规定。精神损害赔偿如何确定，根据《最高人民法院关于确定民事侵权精神损害赔偿责任若干问题的解释》第五条，精神损害的赔偿数额根据以下因素确定：

（1）侵权人的过错程度，但是法律另有规定的除外；

（2）侵权行为的目的、方式、场合等具体情节；

（3）侵权行为所造成的后果；

（4）侵权人的获利情况；

（5）侵权人承担责任的经济能力；

（6）受理诉讼法院所在地的平均生活水平。每个案件情况不同，无法达成一个统一的标准。

综上，我们对如何认定过错方和赔偿标准有了比较清晰的认识。在司法实践中，还需要看具体案情的情况。过错方较好确定，但对于赔偿需要通过证据链来做出判断。

子女的抚养

　　近年来，离婚率持续上升，很多夫妻在离婚过程中最烦恼的不是财产，而是子女的抚养权问题。离婚时，夫妻双方均想要孩子抚养权怎么办？《民法典》对子女抚养权问题是怎么规定的？哪些情况下，夫妻一方拥有优先抚养子女的权利？

抚养权和抚养费

离婚两件事中另一件重要的事就是孩子的抚养权归属问题。当双方都想要抚养权怎么办？哪些先决条件有助于获得抚养权？这些在法律上都有明确的规定。当然，不同的离婚案件情况不同，如果一方想要孩子但没有经济能力，也无法获得抚养权。所以，抚养权的取得需要从几个维度去考量。

还有关于夫妻离婚后孩子的抚养费问题，在法律上有严格的规定，有分月给付还有一次性给付，也有分几次给付，就看相互的约定，也看彼此的实际经济收入。对于拒绝履行抚养义务不给抚养费的，抚养方有权提起法院强制执行。那么，给多少抚养费和如何给付？如何申请强制执行？

抚养权的判决按照最有利于未成年子女的原则

♥♥♥♥♥♥♥♥♥♥♥♥♥ 典型案例 ♥♥♥♥♥♥♥♥♥♥♥♥♥

孔小茹与姜烨磊是夫妻关系，双方婚后生育一个女儿姜哲莹。双方因感情不和打算离婚，但是都想获得女儿的抚养权，目前孩子3周岁，如何有助于获得孩子的抚养权？

❤❤❤❤❤❤❤❤❤❤❤❤ **案例分析** ❤❤❤❤❤❤❤❤❤❤❤❤

《民法典》第一千零八十四条第二款规定："离婚后，不满两周岁的子女，以由母亲直接抚养为原则。已满两周岁的子女，父母双方对抚养问题协议不成的，由人民法院根据双方的具体情况，按照最有利于未成年子女的原则判决。子女已满八周岁的，应当尊重其真实意愿。"

上述法律规定可以看出，法院主要考虑儿童的利益，因此，在夫或妻一方有稳定的工作和收入、受教育程度较高、祖父母或外祖父母愿意给予经济上、生活上的帮助，且已经形成稳定生活环境、对孩子入学、生活有利、给孩子日常关心较多，对获得孩子抚养权是有利的。本案中，孩子姜哲莹已满两周岁，夫妻双方均想要抚养权的，不能达成一致协议的，由人民法院根据双方具体情况，按照最有利于未成年子女的原则判决。

"按照最有利于未成年子女的原则"是如何判断的，具体体现在哪些方面？

1. 孩子和祖父母或外祖父母共同生活多年

根据《最高人民法院关于适用〈中华人民共和国民法典〉婚姻家庭编的解释（一）》第四十七条规定："如果父母抚养子女的条件基本相同，双方均要求直接抚养子女，但子女单独随祖父母或者外祖父母共同生活多年，且祖父母或者外祖父母要求并且有能力帮助子女照顾孙子女或者外孙子女的，可以作为父或者母直接抚养子女的优先条件予以考虑。"如果子女单独随祖父母或外祖父共同生活多年，或者祖父母或外祖父要求并且有能力帮助照顾孙子女或外孙子女的，可以优先考虑。

2. 子女满两周岁，随其共同生活

《最高人民法院关于适用〈中华人民共和国民法典〉婚姻家庭编的解释（一）》第四十六条规定，对已满两周岁的未成年子女，父母均要求直接抚养，一方有下列情形之一的，可予优先考虑：

（一）已做绝育手术或者因其他原因丧失生育能力；

（二）子女随其生活时间较长，改变生活环境对子女健康成长明显不利；

（三）无其他子女，而另一方有其他子女；

（四）子女随其生活，对子女成长有利，而另一方患有久治不愈的传染性疾病或者其他严重疾病，或者有其他不利于子女身心健康的情形，不宜与子女共同生活。该条规定的也很清晰，子女随夫或妻一方生活时间较长，已经形成稳定的生活、学习环境的，若改变生活环境对子女成长不利。

3. 孩子已满 8 岁的，需尊重孩子的意见

《民法典》第一千零八十四条规定："子女已满八周岁的，应当尊重其真实意愿。"对八周岁以上的未成年孩子，父母双方对抚养问题协议不成的，应当尊重孩子的真实意愿。

2. 抚养费：抚养费标准怎么定、如何给？如何申请强制执行？

♥♥♥♥♥♥♥♥♥♥♥♥ 典型案例 ♥♥♥♥♥♥♥♥♥♥♥♥

周芷菲的父母协议离婚，双方协议周芷菲随母亲生活，由父亲支付抚养费，对于抚养费怎么给，给多少不能达成一致意见。父亲说每月给 2000 元，母亲要求一次性支付至大学毕业，要求给 50 万元。

母亲担心分期给，如果父亲不给抚养费怎么办？

♥♥♥♥♥♥♥♥♥♥♥♥ 案例分析 ♥♥♥♥♥♥♥♥♥♥♥♥

《民法典》第一千零八十五条规定："离婚后，子女由一方直接抚养的，另一方应当负担部分或者全部抚养费。负担费用的多少和期限的长短，由双方协议；协议不成的，由人民法院判决。前款规定的协议或者判决，不妨碍子女在必要时向父母任何一方提出超过协议或者判决原定数额的合理要求。"

本案例中，周芷菲的父母协议离婚，周芷菲跟随母亲生活，父亲可以支付全部的抚养费或部分抚养费，负担抚养费用的时间和方式由双方协商，在协议不成的时候，需要通过法院判决。

司法实践中，抚养费支付期间一般为至孩子满十八周岁止，抚养费由夫妻双方各承担一半，有条件的可以一次性给付，一般是定期给付，法院一般判决按月给付。本案例中，周芷菲需要支付的抚养费为其月总收入的 20% 至 30%，可以调取其父亲的收入证明、银行流水确定实际收入，但是，仍需要考虑子女的实际需要、当地生活水平综合确定抚养费。

婚姻律师小课堂

子女的抚养费的标准具体数额如何确定？

《最高人民法院关于适用〈中华人民共和国民法典〉婚姻家庭编的解释（一）》第四十二条规定：《民法典》第一千零六十七条所称"抚养费"，包括子女生活费、教育费、医疗费等费用。

《最高人民法院关于适用〈中华人民共和国民法典〉婚姻家庭编的解释（一）》第四十九条规定：抚养费的数额，可以根据子女的实际需要、父母双方的负担能力和当地的实际生活水平确定。有固定收入的，抚养费一般可以按其月总收入的百分之二十至三十的比例给付。负担两个以上子女抚养费的，比例可以适当提高，但一般不得超过月总收入的百分之五十。无固定收入的，抚养费的数额可以依据当年总收入或者同行业平均收入，参照上述比例确定。有特殊情况的，可以适当提高或者降低上述比例。

"月总收入"如何确定，参考《北京市高级人民法院民一庭关于审理婚姻纠纷案件若干疑难问题的参考意见》第十条规定，计算抚养费时所依据的"月总收入"，系指税后年总实际收入按月均计算的实际收入，包括工资、奖金、

加班费住房公积金、年终奖、季度奖等实际收入在内，即"上一年度税后应发全年总收入 ÷12＝月总收入"。

子女教育、生活中的额外支出，可以获算作抚养费吗？

若案例中周芷菲的母亲为了让周芷菲接受更好的教育，让周芷菲就读于私立学校，并且报名让周芷菲参加各类补习班。现周芷菲的母亲认为原来给付的抚养费 2000 元／月的标准过低，要求增加抚养费，可以吗？

对于额外的教育费或超出一般水平的高额教育支出，例如私立学校的教育费、校外补课费、兴趣爱好培训费等，除特殊成长阶段的必要性支出原则上予以支持外，其他部分仅可部分支持，但需要与周芷菲的父亲协商一致、同意共同承担的除外。

抚养费是否可以随着物价增加？

《最高人民法院关于适用〈中华人民共和国民法典〉婚姻家庭编的解释（一）》第五十八条规定：具有下列情形之一，子女要求有负担能力的父或者母增加抚养费的，人民法院应予支持：（一）原定抚养费数额不足以维持当地实际生活水平；（二）因子女患病、上学，实际需要已超过原定数额；（三）有其他正当理由应当增加。

在本案例中，若原定抚养费数额不足以维持当地实际生活水平；或因周芷菲生病需要高额医药费的或因上学需支付抚养费的，可以根据实际需要要求周芷菲父亲承担。

若有抚养费义务一方不履行，如何申请强制执行？

《最高人民法院关于适用〈中华人民共和国民法典〉婚姻家庭编的解释（一）》第六十二条规定："对拒不履行或者妨害他人履行生效判决、裁定、调解书中有关子女抚养义务的当事人或者其他人，人民法院可依照民事诉讼法第一百一十一条的规定采取强制措施。"对于协议离婚的双方，可以向法院起诉，要求对方履行，对方拒不履行的情况下，根据生效的判决法律文书向执行法院申请强制执行；如果通过法院诉讼离婚的方式，已经在离婚判决书中约定了抚养费的，可以依据离婚判决文书，向执行法院提交强制执行申请。

综上所述，对于抚养费的问题法律有细致的描述，也对拒不执行者提出了惩治途径和办法。

轮流抚养：
什么情况下可以轮流抚养？

在离婚纠纷中最常见的未成年子女抚养权归属问题，一直是离婚案件审查的重点，尤其是现在，很多家庭都是独生子女，在父母感情破裂离婚后，基于对孩子的愧疚，更想照顾孩子，这种现象更加突出，甚至出现抢夺、藏匿，躲起来一方东躲西藏，被欺瞒一方满心怒火，但事实上，最受苦受难的，是子女。

♥ ♥ ♥ ♥ ♥ ♥ ♥ ♥ ♥ ♥ ♥ ♥ **典型案例** ♥ ♥ ♥ ♥ ♥ ♥ ♥ ♥ ♥ ♥ ♥ ♥

原告曹某甲与被告王某经人介绍相识，经过一段时间的相处后办理结婚登记，婚后育有一子曹某乙。婚后伊始双方感情尚可。但自 2008 年 8 月曹某乙被查出患有进行性肌营养不良（俗称"渐冻人"）后，原、被告之间出现矛盾，被告于 2015 年 8 月离家出走 10 天，导致原、被告夫妻感情破裂。请求判准原、被告离婚；婚生子曹某乙由原、被告轮流抚养，轮流期限由法院酌情确定，婚生子医疗和学习费用由原、被告各半负担。被告辩称：同意与原告离婚，但被告目前没有固定工作和居住场所，没有轮流抚养婚生子的条件。请求由原告抚养婚生子，被告按月支付相应抚养费用。

一审法院经审理查明，认为：原、被告婚后夫妻感情一般，因婚生子患病产生矛盾，庭审中，原、被告均表示同意离婚，应视为夫妻感情确已破裂，依法应当判准双方离婚。因双方婚生子曹某乙患有进行性肌营养不良症（俗称渐冻人），需要长期护理和治疗，且目前处于无法自行行走的状态，需由他人护理。审理中，法院征求了曹某乙本人的意见，其要求由父母轮流抚养。关于原、被告婚生子曹某乙抚养的问题，因其本人要求由原、被告轮流抚养，其要求合理合法，亦有利于其身心健康成长，本院依法予以支持。关于轮流抚养的期限，经综合考量原、被告目前经济及其他实际状况，轮流抚养的期限不宜过长，但也不宜太频繁，本院酌定每三个月轮流一次。婚生子的学习和医疗等费用依法由原、被告各半负担，轮流抚养期间的生活费用由当期抚养人自行承担，在轮流抚养期间对方享有对婚生子探望的权利。

案例分析

轮流抚养是一种什么抚养形式？

轮流抚养，是指法院准予夫妻双方离婚时，子女的抚养权归属于父母双方，双方相互不再给付抚养费，抚养期限、终期等具体内容由双方协商确定的一种新型抚养方式。

笔者办理了很多件离婚纠纷，认为在离婚案件中，对于未成年子女抚养权归属的确定应当以儿童利益最大化为原则。夫妻离婚，孩子满两周岁，男女双方在经济收入、工作、学历以及家庭环境相差无几的情况下，均想要获得孩子抚养权，父母双方可以协商约定轮流抚养子女。相对于将子女判给父母一方直接抚养，另一方支付抚养费的做法，轮流抚养子女，夫妻双方均能接受。即便，在夫妻再婚后，有继父或继母的出现，轮流抚养也能填补空白，这不仅解决了父母之间因抚养子女引发的矛盾，也最大限度范围内照顾了未成年子女的利益。

什么情况下可以轮流抚养?

根据《最高人民法院关于适用〈中华人民共和国民法典〉婚姻家庭编的解释（一）》四十八条规定："在有利于保护子女利益的前提下，父母双方协议轮流直接抚养子女的，人民法院应予支持。" 但这条规定只是一种原则性指导意见，并没有对这项制度出台相关细化配套措施。司法实践中，轮流抚养不仅需要父母双方协商达成一致，还必须满足以下三个条件。

第一，以保护未成年子女利益为原则。如果父母一方具有明显不适宜抚养子女的情形，例如：存在吸毒、家暴、患有久治不愈的传染性疾病或者其他严重疾病，不宜与子女共同生活的，就不能实行轮流抚养。

第二，未成年子女年龄在8周岁以上须征求其真实意愿。根据《民法典》第一千零八十四条的规定，不满2周岁的子女以由母亲直接抚养为原则，而已满8周岁的子女应当尊重其真实意愿。父母协议轮流抚养子女的情况，可以突破不满2周岁子女以由母亲直接抚养的原则，父母双方协议一致，法律是允许的；对于已满8周岁的子女应当尊重其真实意愿。

第三，对父母双方环境有要求。父母双方的住址相距不应太远，以在同一市区内居住为宜，这样有利于子女入托、入学和生活相对稳定，如果父母一方有居住困难或双方距离相距太远，则不适宜轮流抚养。

因此，在有利于保护子女利益情况下，父母双方协商一致，轮流抚养在协议离婚和诉讼离婚中均适用。

在轮流抚养过程中可能出现的纠纷和应对

孩子由夫妻双方轮流抚养的话，可能出现的问题如下：孩子在父母家各住多长时间，探望时间如何约定，抚养费如何支付，改变生活、学习环境小孩能否适应，是否会影响小孩上学，其间一方不想抚养了怎么办，等等。

在轮流抚养子女协议履行不力的情况下，人民法院应当根据相关利害关系人、相关基层组织的申请变更抚养方式。轮流抚养未成年子女制度需要双方当事人相互配合，如果在履行过程中不能就未成年子女的利益达成一致的做法，进而出现有害于未成年子女利益的行为，人民法院应当根据相关利害关系人、相关基层组织的申请中止或终止轮流抚养协议，直至变更抚养方式。

轮流抚养要尽可能避免对孩子的三种伤害

一是这种方式要求以父母之间高度的合作和协调意愿为前提，但由于离婚后夫妻关系已经不复存在，合作比较困难，需要父母双方均有自我牺牲意识；

二是如果居住地持续频繁变化，对孩子可能形成一种心理负担，使孩子缺乏安全感；

三是如果夫妻双方长期对立或者父母再婚，子女会无所适从，往往混淆孩子的价值认定。

需要注意的是，一方直接抚养既可以由双方当事人约定，也可以由法院判决决定；而轮流抚养方式，目前仅允许双方约定。双方可以签署轮流抚养协议，内容主要包括：轮流抚养的期限、抚养费的分担、抚养到期后的交接、一方抚养时另一方的探视权等。抚养过程中，如果双方或一方认为需要变更轮流抚养协议的，可以自行协商，重新达成协议，变更原协议的某些内容，或达成子女由一方直接抚养的协议；也可向人民法院起诉，请求变更原协议。

探望权：

哪些人可以探望子女？

探望权是指基于血亲或者拟制血亲关系的父母在婚姻或同居关系解除后，不直接抚养未成年子女的一方所享有的一种可在一定时间、地点探望该未成年子女的权利。

在离婚案件中，父母与子女之间的关系不会因离婚而消除，对子女抚养权往往是离婚案件中需要处理的重点，父或母一方获得抚养权，另一方则有探望权。特殊情况下，父或母一方去世，祖父母或外祖父是否探望权？

♥♥♥♥♥♥♥♥♥♥♥♥　典型案例　♥♥♥♥♥♥♥♥♥♥♥♥

夏信高、黄菲芘诉陈琼探望权纠纷案

基本案情

原告夏信高、黄菲芘诉称，两原告系夫妻关系，两人育有一子名夏龚，于2011年8月11日在西班牙潜水时意外溺水身亡，未留有遗嘱。夏龚生前与被告系夫妻关系，于2002年10月26日登记结婚，2010年1月15日育有一子名陈晨（曾用名夏源辰）。夏龚是原告夫妇唯一的孩子，夏龚身亡后，原告夫妇成为失独老人，失去生活寄托，唯一的孙子变成老两口仅有的希望。虽然多次试图探望孙子，但因被告及其家人的种种阻挠，原告至今未能见过孙子一面。后因机缘巧合，原告在东方卫视"潮童天下"第148期（2014年7月15日）节目中看到一个名叫陈晨的孩子，长相与夏龚儿时极为相似，后确认陈晨即为孙子夏源辰。现陈

晨已过6周岁，原告希望能对孙子尽相应的抚养义务，并争取探望孙子的权利，故起诉来院。

原告认为，独子夏羹的死亡给其带来了毁灭性的打击，长期被孤独吞噬，孙子陈晨是原告最后的情感寄托。原告无意与被告争夺抚养权，而是想通过探望孙子的方式满足原告的情感需求，也想通过与孙子的互动重建感情，给予关爱。虽然目前无法律明文规定赋予祖父母探望孙子女的权利，但原告和孙子之间的血缘亲情不能割裂，允许原告探望孙子有利于老年人的情感满足和未成年人的健康成长，符合社会价值导向，应予支持。被告现已再婚，需在经营新家庭上分摊精力，孩子现已7岁并逐渐懂事，故这时提出探望孩子，对孩子的心理和生理都是恰当的时机。

被告陈琼辩称，从法律角度，祖父母对孙子女主张探视权没有明确的法律依据，且两原告从未对陈晨尽抚养义务，故无行使探望权的法律基础。从感情角度，夏羹在婚内出轨，系与小三前往西班牙潜水时溺水身亡，严重伤害夫妻感情；两原告在夏羹死亡后，未给予被告及陈晨关心和体谅，反而多次因财产问题将被告诉至法院，不仅严重影响被告及陈晨的正常生活，也使原本仅存的亲情遭到伤害。夏羹死亡后，两原告从未向被告提出要探望陈晨的要求，不存在被告阻挠其看孙子的情况。原告不真正关心孩子，也没有对孩子尽过抚养义务，不具有行使探望权的法律基础。现被告已再婚，陈晨亦有了新爷爷奶奶的陪伴，孩子缺失的亲情已得到弥补，原告的贸然探望会给孩子造成情感冲击，影响孩子成长。故不同意原告的诉讼请求。

法院经审理查明：原告夏信高、黄菲芘系夫妻关系，育有一子名夏羹。夏羹已于2011年死亡，其生前与被告陈琼系夫妻关系，并于2010年1月15日育有一子名陈晨（曾用名夏源辰）。夏羹死亡后，陈晨随被告生活；原、被告因琐事产生矛盾，关系逐渐失和，并不再往来。

裁判结果

上海市虹口区人民法院于 2016 年 12 月 30 日做出（2016）沪 0109 民初 19428 号民事调解书：从 2017 年 1 月起，原告逢双月探望陈晨一次，具体探望方式为每次探望时间以 3 小时为限，探望地点除原、被告商定的地点外，或以上海地铁 10 号线同济大学站为宜；原告逢单月与陈晨电话或视频联系一次，被告应予以协助。

法院认为

考虑到本案的特殊情况以及探望权案件本身具有的执行困难，主审法官多次提醒原、被告：孩子对原、被告双方而言都是至亲骨肉，孩子的成长是一个漫长的渐变过程，在这过程中，孩子无论在生理上还是心理上都将经历巨大变化，希望原、被告从有利于孩子的角度出发，本着未成年子女利益最大化的原则，理性对本案做出决定。同时，待孩子成长到一定的阶段，会有一定的自我判决和决断能力，希望双方充分考虑并尊重孩子的意向。从而引导双方通过理性对话，寻求双方都能接受和履行的探望方案。

♥ ♥ ♥ ♥ ♥ ♥ ♥ ♥ ♥ ♥ **案例分析** ♥ ♥ ♥ ♥ ♥ ♥ ♥ ♥ ♥ ♥

探望权主体有哪些人？

《民法典》探望权主体严格限定为"父或母"。

根据《民法典》第一千零八十六条规定："离婚后，不直接抚养子女的父或者母，有探望子女的权利，另一方有协助的义务。行使探望权利的方式、时间由当事人协议；协议不成的，由人民法院判决。"

《民法典》将探望权主体严格限定为父或母。父母对子女的探视权是基于父母子女关系这种特定的身份关系而享有的权利，且探望权只能由父母本人实施，其他人不享有此项权利，也不能代替行使。也就是说，祖父母、外祖父母不具有对孙子女、外孙子女行使探望权的法律基础，如果祖父母、外祖父母要探望孙子女、外孙子女的话，一般只能通过孩子的父亲或母亲行使探望权的时候陪同探望。

探望权的主体突破

1. 祖父母、外祖父母的"探望权"

根据最高院公布的《第八次全国法院民事上市审判工作会议（民事部分）纪要》（以下简称《纪要》）规定："祖父母、外祖父母对父母已经死亡或父母无力抚养的未成年孙子女、外孙子女尽了抚养义务，其定期探望孙子女、外孙子女的权利应当得到尊重，并有权通过诉讼方式获得司法保护。"探望权的主体在法律规定的范围内实现了突破，从严格的"父或母"扩大到"祖父母、外祖父母"。

2. 祖父母或外祖父母获得探望权的两个必要条件

探望权的主体范围在《民法典》的基础上实现了突破，从严格的"父或母"扩大到"祖父母、外祖父母"。但需要注意的是，祖父母和外祖父母并不当然对孙子女和外孙子女享有探望权，而应满足两个条件：

一是父母已经死亡或父母无力抚养；

二是祖父母、外祖父母对孙子女、外孙子女尽了抚养义务。

"父母无力抚养"一般是指缺乏生活能力又缺乏生活来源的情况，例如重病在床无法外出参加劳动、有较重的抚养或赡养义务，且自身无力承担的情况；"尽了抚养义务"主要指的是，祖父母、外祖父母对孙子女、外孙子女提供了主要经济来源，在劳务方面给予了主要的扶助。

从这里的解读可以看出，除了父母外，祖父母和外祖父母行使的是有限制的"探望权"，也就是有一定的先决条件。

情理与法理冲突之平衡

从现有的法律规定看，祖父母、外祖父母确不具有探望孙子女、外孙子女的法律基础。但需要指出的是，祖父母、外祖父母探望丧父或丧母的孙子女、外孙子女，与公序良俗、社会公德相符，亦是对中华民族传统美德的继承与发扬。在有利于未成年人健康成长、有利于亲属间感情融和的基础上，应当支持祖父母、外祖父母对孙辈的合理探望。

从情理角度看，祖父母、外祖父母作为失独老人，其探望孙子的意愿是强烈的，情感是真挚的，要求是合理的，是其获得精神慰藉的重要途径之一，理应得到尊重和支持，祖父母、外孙父母探望孙子女、外孙子女符合社会预期。

从孩子的成长需求角度，孩子是失独老人在世上仅存的至亲骨肉，血缘无法割裂，亲情难以磨灭，让孩子在逐渐懂事的过程中与亲生爷爷、奶奶有所接触，了解身世、感受关爱、重建祖孙感情，不至于给孩子的身心造成负面影响。

关于具体的探望方式、相处时间，应考虑到孩子的接受能力、课业安排等实际情况，由双方按照内心意愿协商处理逐渐调整较为适宜。

　　孩子对原、被告双方而言都是至亲骨肉，孩子的成长是一个漫长的渐变过程，在这过程中，孩子无论在生理上还是心理上都将经历巨大变化，希望当事人能从有利于孩子的角度出发，本着未成年子女利益最大化的原则，理性对本案做出决定。

　　本案中，祖父母作为失独老人，唯一的儿子因意外身亡，孙子作为两位老人唯一具有血缘关系的亲人，对孙子女主张行使探望权，缺乏法律上的依据，从情理上讲，夫妻俩想要探望孙子的要求应当得到满足。

继承权：
离婚纠纷中涉及的继承权问题

在现实生活中，夫妻离婚、复婚或是再婚都非常普遍，分分合合中必然涉及财产分割、遗产继承等问题，加之婚生子、非婚生子女、养子女、继子女等关系使前述问题更加复杂。那么到底《民法典》中继子女有没有继承权？遗嘱继承是否优先于法定继承？非婚生子女、养子女、继子女与婚生子女享有的继承权是否平等？随母改嫁的子女，有代位继承权吗？

非婚生子女、养子女、继子女与婚生子女是否平等享有继承权？

❤❤❤❤❤❤❤❤❤❤❤❤ **典型案例** ❤❤❤❤❤❤❤❤❤❤❤❤

韩梅梅与被继承人（死者）李雷（于2018年5月死亡）系再婚夫妻，两人于2000年2月1日结婚，婚后于2015年11月共同购买房屋，属于夫妻共同财产，现价值约200万元，2018年5月1日李雷死亡，无遗嘱。婚前原告韩梅梅有三个子女（即原告韩一、韩二、韩三，已成年），而李雷婚前有四个子女（即被告李甲、李乙、李丙以及李丁）。现四被告多次出面要求继承他亲生父亲李雷房屋所属一半的遗产，原被告双方一致认可诉争房屋由原告韩梅梅继承所有，且均认可诉争房屋价值200万元。

法院判决：一、位于北京市东城区×路×幢×号房屋由原告韩梅梅继承所有。二、原告韩梅梅在本判决生效后五日内向被告李甲、李乙、李丙以及李丁各支付货币补偿人民币50万元。

案例分析

《民法典》第一千一百二十三条规定："继承开始后，按照法定继承办理；有遗嘱的，按照遗嘱继承或者遗赠办理；有遗赠扶养协议的，按照协议办理。"因此，遗产继承优于法定继承。在确认被继承人没有订立遗嘱的情况下，遗产应当以法定继承的继承顺序分配。本案中李雷没有留下遗嘱，按照法定继承进行。

《民法典》第一千一百五十三条规定："夫妻共同所有的财产，除有约定的外，遗产分割时，应当先将共同所有的财产的一半分出为配偶所有，其余的为被继承人的遗产。遗产在家庭共有财产之中的，遗产分割时，应当先分出他人的财产。"故本案中，北京市东城区×路×幢×号房屋系韩梅梅与李雷的夫妻共同财产，诉争房屋的产权份额韩梅梅与李雷各一半，即诉争房屋产权的二分之一的产权份额属于李雷的遗产。

《民法典》第一千一百二十七条规定："遗产按照下列顺序继承：第一顺序：配偶、子女、父母。第二顺序：兄弟姐妹、祖父母、外祖父母。继承开始后，由第一顺序继承人继承，第二顺序继承人不继承。没有第一顺序继承人继承的，由第二顺序继承人继承。本编所称子女，包括婚生子女、非婚生子女、养子女和有扶养关系的继子女。"据此可知，婚生子女、非婚生子女、养子女和有扶养关系的继子女的继承权一律平等。

本案中韩梅梅系被继承人李雷的配偶，李甲、李乙、李丙、李丁系被继承人李雷的子女，均系李雷的法定继承人，有权继承其遗产；因韩梅梅与李雷再婚时，原告韩一、韩二、韩三均已成年，姜乙、姜丙、姜某丁与李雷并未形成抚养关系，故原告姜乙、姜丙、姜某丁无权继承遗产。另原被告双方一致认可诉争房屋由原告韩梅梅继承所有，且均认可诉争房屋价值200万元。故由原告韩梅梅向李甲、李乙、李丙、李丁各支付货币补偿人民币50万元。

 ## 父母离异，随母改嫁的子女，有代位继承权吗？

♥♥♥♥♥♥♥♥♥♥♥♥ 典型案例 ♥♥♥♥♥♥♥♥♥♥♥♥

　　王一、王三与王甲系叔侄关系。被继承人韩梅梅婚生王一、王二（王甲之父）、王三等三名子女。王二（王甲之父）先于被继承人韩梅梅死亡，王甲之母带王甲改嫁。王甲之母虽然带子改嫁，但在被继承人韩梅梅在世时，经常来往，关心照顾其生活，逢年过节还去探望送食品。被继承人韩梅梅死亡时，王甲送去7000元，并与王一共同料理丧事。被继承人韩梅梅遗有150平方米房产。

　　被继承人韩梅梅死亡后，王甲（即原告）以要求代位继承被继承人韩梅梅所遗房产为由，向人民法院提起诉讼。王一、王三（即被告）就王甲是否具有代位继承权产生争议。王一、王三认为王甲之父对被继承人未尽赡养义务，王甲系晚辈血亲，无权继承被继承人的遗产。

　　法院判决：被继承人的所遗房产原告与被告平均继承，各继承50平方米。

♥♥♥♥♥♥♥♥♥♥♥♥ 案例分析 ♥♥♥♥♥♥♥♥♥♥♥♥

　　《民法典》第一千一百三十条规定："同一顺序继承人继承遗产的份额，一般应当均等。对生活有特殊困难又缺乏劳动能力的继承人，分配遗产时，应当予以照顾。对被继承人尽了主要扶养义务或者与被继承人共同生活的继承人，分配遗产时，可以多分。有扶养能力和有扶养条件的继承人，不尽扶养义务的，分配遗产时，应当不分或者少分。"据此可知，继承人对被继承人是否尽了主要扶养义务是继承人享有继承权的前提。本案中王甲之父虽然先于被继承人韩梅梅死亡，但在生前其对被继承人尽到了赡养义务，并且王甲之父死亡后，王甲的母亲虽然携子改嫁，但是改嫁后与被继承人韩梅梅仍有往来联系，关心并照顾其生活，逢年过节还去探望送食品，直至韩梅梅死亡，王甲也出钱出力料理后事。故王家之父尽到了赡养义务，没有被剥夺继承权的法定事由，其依法享有继承权利。被继承人韩梅梅未立遗嘱，王甲之父与韩梅梅的其他子女一样，都是第一顺位继承人。

《民法典》第一千一百二十八条规定："被继承人的子女先于被继承人死亡的，由被继承人的子女的直系晚辈血亲代位继承。被继承人的兄弟姐妹先于被继承人死亡的，由被继承人的兄弟姐妹的子女代位继承。代位继承人一般只能继承被代位继承人有权继承的遗产份额。"故本案中，虽然王甲在其生父去世后随母亲改嫁，但王甲作为其父的直系晚辈血亲，有权作为代位继承人，继承其生父应继承的韩梅梅遗产相应份额。

关于离婚纠纷中涉及的继承权问题，从前述案例及法律分析中我们可以总结出以下经验。

遗嘱继承和遗赠扶养协议优于法定继承

离婚后遗产继承权纠纷中，应首先确定法定继承还是遗嘱继承。法定继承是指被继承人没有订立遗嘱、遗赠扶养协议的情况下，被继承人的遗产按照《民法典》规定在法定继承人范围内平均分配的遗产继承制度；遗嘱继承是指被继承人生前按照《民法典》规定订立遗嘱处分其个人财产，被继承人去世后依照其遗嘱分配其遗产的制度。

我国《民法典》第一千一百二十三条规定："继承开始后，按照法定继承办理；有遗嘱的，按照遗嘱继承或者遗赠办理；有遗赠扶养协议的，按照协议办理。"因此，遗嘱继承和遗赠扶养协议优于法定继承。

非婚生子女、养子女、有扶养关系的继子女与婚生子女享有平等的继承权

根据《民法典》第一千一百二十三条规定，在确认被继承人没有订立遗嘱、无遗赠扶养协议的情况下，遗产应当以法定继承的继承顺序分配（第一顺位继承人包括配偶、子女、父母，没有第一顺序继承人继承的，由第二顺序继承人继承）。

其中子女为第一顺序继承人，关于子女的界定我国法律有明文规定，"子女"包括有血缘关系的婚生子女、有血缘关系的非婚生子女、没有血缘关系的养子女以及有扶养关系的继子女。根据《民法典》第一千一百二十七条规定，婚生子女、非婚生子女、养子女和有扶养关系的继子女享有平等的继承权，并无差别，任何人无权剥夺，但其可以放弃自己依法享有的继承权。

父母离异、随母改嫁的子女有代位继承权

　　根据《民法典》第一千一百二十八条规定，代为继承是指"被继承人的子女先于被继承人死亡的，由被继承人的子女的直系晚辈血亲代位继承。被继承人的兄弟姐妹先于被继承人死亡的，由被继承人的兄弟姐妹的子女代位继承"。

　　虽然法定继承人不包括孙子女、外孙子女，但是《民法典》通过代位继承制度保护孙子女、外孙子女的继承权。在法律上，不论子女的父母是否离婚或再婚，子女都是自己父母的第一顺位继承人，在其父没有出现法律规定的丧失继承权的情形下，子女作为其父的直系晚辈血亲，即使随母改嫁，也不因此导致其丧失代位继承权。